運を加速させる習慣

Yazawa Akiko
矢澤亜希子

日本実業出版社

推薦によせて　～勝負観が凝縮された一冊～

森内俊之（将棋棋士、第26期バックギャモン王位）

「ＡＫＩＫＯ――」

会場中に歓声が響きわたる。

２０１４年８月、矢澤亜希子さんがモナコで行われた「backgammon world championship」で優勝した瞬間である。

私は解説会場で観戦しており、矢澤さんの試合中の様子はモニターで確認するのみだったが、試合後に多くの人たちからお祝いの言葉をかけられているときは、涙ぐんでいるようにも見えた。

本書を読んでいただければ理解できると思うが、バックギャモンは愛好者の大半が男性であり、矢澤さんは常にマイノリティーという厳しい状況の中、結果を出し、道を作ってきた。

また、ガンの宣告を受けながらも、正面から向き合い、克服し、前向きに生きる姿は人々の心を打つものがある。

バックギャモンは基本的に確率のゲームである。

確率に忠実にプレーすることは確実にプラスの期待値を生み出すが、運の要素が大きいこのゲームにおいて、それだけで結果を出し続けることは難しい。

矢澤さんは確率の把握にプラスして、対戦相手の傾向を読み取り、試合中にデータを活用することで、そして強い精神力を発揮することで、多くの実績を残してきた。

海外の大会に参加しはじめたころは無名だった日本人のひとりの女性が、

今や世界を代表するプレーヤーなのだから、素晴らしい躍進である。

本書はその矢澤さんの人生観、勝負観が凝縮された一冊である。

読者のみなさまには、世界チャンピオンの思考法、運の手繰り寄せ方を知り、今後に生かしていただければ幸いである。

バックギャモンは世界では3億人を超える競技人口がいるといわれるメジャーな競技だが、日本ではまだまだ認知度が低い。

非常にエキサイティングな魅力的なゲームにもかかわらず、惜しいことだ。

バックギャモンが普及してほしいという気持ちは、矢澤さんも、他の選手も、もちろん私も変わりはない。

本書を手に取っていただいた方々には、ぜひ一度バックギャモンに挑戦していただければと願っている。

はじめに

たしか、私がはじめてバックギャモンの世界選手権に優勝したころだったと思うのですが、アメリカのビバリーヒルズにある大豪邸をお訪ねしたことがありました。ビバリーヒルズはハリウッドスターなど、多くの著名人が住む超高級住宅街で、何十億円もする豪邸がたくさんあります。

若いころには映画に何本も出たという上品な女性がその豪邸の主人で、私はてっきり彼女のバックギャモンのコーチをするのだと思い込んでいたのですが、話をよく聞くと、レッスンの相手は彼女ではなく、その恋人の男性でした。

「ケーリーは、いつ亡くなったんだっけ?」

「もう何十年も前よ。私とは50歳近く年が離れていたわ」

その2人の会話を聞いていて、ケーリーというのがケーリー・グラントだということがわかりました。ケーリー・グラントは、『シャレード』でオードリー・ヘプバーンと共演したとか、ヒッチコック監督の『北北西に進路を取れ』に主演した大スターだと聞いていたら、私も少しは興味がわいたと思うのですが、そのときはケーリー・グラントのことを知らなかったのです。

その日、私を大豪邸へ連れて行ってくれた年輩の友人は「バックギャモン」というボードゲームのレッスンプロで、俗に「セレブ」と呼ばれる人たちをたくさん教えていました。そうした人のなかには、私でも知っているトム・ハンクスのように、自らスポンサーになるほどバックギャモンに魅入られてしまった人もいて、彼らの多くは競うように優秀なプロをレッスンに招こうとしています。

私もバックギャモンの世界チャンピオンになってからというもの、アメリカに滞在していると、彼から頻繁に声がかかるようになって、たびたびセレブの方のレッスンを引き受けました。しかし、あまり芸能関係に詳しくないので、あとから有名俳優だったと知ることもしばしばありました。

バックギャモンについて詳しくはあらためてご紹介しますが、その愛好者はもちろんハリウッドの著名人にとどまりません。アメリカやヨーロッパの国々では資産家や実業家も多く、イギリスで競馬が上流階級の嗜《たしな》みとされるのに似て、社会的な地位のある方にふさわしい社交的な趣味という認識があるようです。

とはいえ、限られた一部の階層の方だけが楽しんでいるわけではありません。競技人口は世界で3億人を超えるといわれるだけあって、中東や西アジア、中央アジアでも多くの人に親しまれています。なかには、人口約8000万人の9割が日常的にバックギャモンを楽しんでいるといわれるトルコのような国もあります。

一方、さまざまな事情からバックギャモンがあまり普及していないのが、東アジアです。日本では、囲碁や将棋はお年寄りから子どもまで幅広い年代に親しまれていますが、バックギャモンの競技人口は20万人程度といわれています。

また、他のボードゲームと同じく、バックギャモンも愛好者の大半は男性です。このことは日本だけでなく海外でも共通していて、世界大会に出場しても、未だにトップカテゴリーで女性のプレーヤーを見かけることはほとんどありません。女性の参加者は私だけということもしばしばで、今でこそ私は世界チャンピオンとして認識されていますが、海外の大会に参加しはじめた当初は、そもそも東洋人が少ないうえに女性ですから、大会にエントリーしていても誰かのつき添いに間違われたり、プレーヤーだとわかると大勢の男性に囲まれて冷やかされたりしたものです。

そうした**状況を変えるには、とにかく勝ちを重ねて、プレーヤーとしての実力を広く知ってもらうしかありません。**世界選手権のようなオフィシャルな大会に積極的に参加するのはもちろん、ときには身の危険を感じることもありましたが、海外でバックギャモンクラブを訪ねてトッププレーヤーと対戦する、一種の道場破りをしたり公園でバックギャモンに興じる人たちの「ストリートギャモン」に挑戦したりといった修行をしたこともあります。

人種も性別も関係なく、とにかく強いプレーヤーが勝つ。

それが、バックギャモンの世界です。私が２回も世界選手権のチャンピオンになれたのは、バックギャモンが徹底した実力主義の世界だからでしょう。

ただし、バックギャモンというゲームをご存じの方ならお気づきだと思いますが、囲碁や将棋と異なり、最善を尽くしてもどうにもならない要素が勝敗を大きく左右します。それは競技で使用する２つのサイコロが関係しています。

どんなに強いプレーヤーも、サイコロの出目を自在にあやつることはできません。運を天に任せて、２つのサイコロを振るしかない。つまり、プレーヤーの才能や努力ではどうすることもできない不確定要素である「運」という領域が勝敗を左右するゲームなのです。

でも、それは偶然に身をゆだねるということではありません。

運とは、自分で創るものです。

この本では、バックギャモンというゲームを通じて得た、私なりの「運の創り方」をご紹介します。といっても、「こうすれば運がよくなる」というスピリチュアルな指南書ではありません。あくまで、私がこれまでの経験のなかで学んだものや培ったことをお伝えしながら、みなさんにも役立てていただけそうなエッセンスを抽出してみようという試みだとご理解ください。運という、何ともつかみどころのないものを味方にするための工夫や勝負に勝つためのコツをわかりやすくお話ししたいと思っています。

さらに、バックギャモンの世界の背景に、人種や性別などのマイノリティとしての生き方や考え方を読み取っていただけたらうれしいです。バックギャモンという圧倒的に男性優位な世界を勝ち抜く過程では、どうしても自分がアジア人女性であることを意識せざるを得なかったからです。世界は違っても、同じような境遇で奮闘しているマイノリティの方たちを少しでも勇気づけることができたら望外の喜びです。

２０２０年２月

プロフェッショナル・バックギャモン・プレーヤー
矢澤亜希子

運を加速させる習慣　目次

第1章　サイコロの目は選べない

第2章 「運」に選ばれる思考法

第3章 「運」を加速させる

第4章 「運」を育む習慣

カバーデザイン	小口翔平＋三沢 稜（tobufune）
本文デザイン	浅井寛子
編集協力	髙木真明
原稿提供	日本バックギャモン協会 (バックギャモンのルールとマナー)
カバー撮影	川崎聡子
本文撮影	横瀬明仁（P105） Mendicino Tara（P65） 著者（P21、P42、P112下）

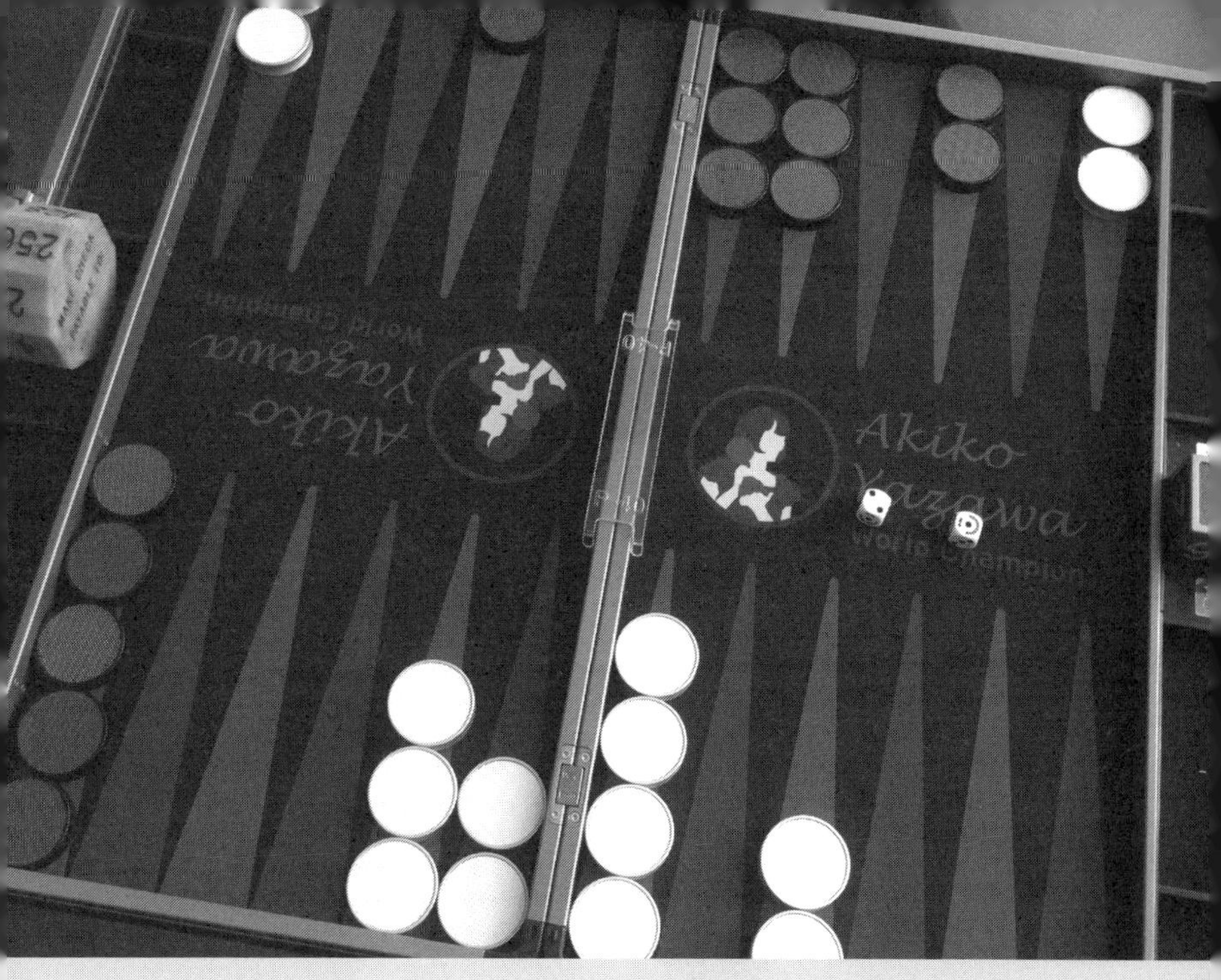

序章

バックギャモンが教えてくれた「運」の創り方

「あと1年しか生きられない」といわれて

　私は31歳のとき、「子宮体ガン」という病名を医師から告げられました。「手術をしなければあと1年」という事実を突きつけられたのです。
　じつは、その4年ほど前から、自分の身体の異変には気づいていました。月経時に目を疑うほど多量に出血することが何度かあって、ひどい貧血に悩まされるようになったのです。学生時代から、もともと重い月経だったので、最初は単なる月経不順なのだろうと思っていたのですが、やがて痛み止めを飲んでも歩けないほど体調が悪くなる日も出てきました。

　私がバックギャモンと出会ったのは大学時代で、日本タイトルをすぐ獲得しましたが、大学卒業後は会社員となり、当時の私は、バックギャモンを趣味として続けていました。平日は仕事で、土日はバックギャモンの試合をする日々でしたが、体調不良のため通勤中に倒れることもあったので、そうなると、もうバックギャモンどころではなく、仕事にも支障をきたすようになりました。

心配になって病院へ足を運び、婦人科で診察を受けました。が、とくに問題は見つからず、一般的に若い女性がかかりやすい子宮頸ガンについても、何度も検査を受けた結果、異常はありませんでした。

医師からは「生活習慣の乱れが原因でしょう」といわれ、体調改善のために、土日の趣味で続けていたバックギャモンをスッパリ止め、休息をとったり、食事に気をつけたり、できるだけ身体に負担をかけないよう留意しながらすごしました。しかし、体調はいっこうによくなりません。むしろ、日に日に悪化していきました。そしてついには、通勤をすることも困難になり、仕事を辞めざるを得なくなったのです。

このように、原因不明の体調不良に悩まされる日々が長く続きました。じつは、ガン発覚の3年前から子宮体ガンの可能性も考えていました。

医師からは「子宮体ガンはホルモン性のガンで、閉経したり肥満でホルモンバランスが崩れたりした人がかかるので、若い痩せ型の女性はならない」と聞いていました。けれども、心配だったので、自分から希望して子宮体ガンの検査を受けたりもしていたのです。

子宮体ガンの検査は細胞診といって、子宮内を棒で引っ掻き、その細胞を検査します。ガン細胞をピンポイントで引っ掻かないと見つからないのですが、子宮の一番奥にできた私のガンが見つかるのは、その3年後のことでした。

そして、そのときにはすでに病状はかなり進行していて、ステージはⅢCという厳しいものでした。

「手術しなければ、1年もたないでしょう」

医師からそう聞かされたとき、ガンという宣告ではありましたが、それほど驚くことはなく、じつは、ある程度の心の準備ができていました。ガンの可能性があるだろうなという予測をしていたため、事実を冷静に受け止めることができたのです。むしろ、ずっと原因不明の体調不良に悩まされていたので、やっとその原因がわかって、これで治療ができるという安堵の気持ちのほうが勝っていました。

「バックギャモン」の思考法で生きることを選択した

2012年の年末に子宮体ガンと宣告されてから、ガンの治療ができる大きな病院に転院しました。

転院先の病院で、新たに精密検査を受け、治療方針が手術と抗ガン剤と決まったのが翌年の1月半ばで、手術はその1か月半後になりました。

手術の前には、医師から手術の内容について、そして治療後の体の変化などの説明がありました。

手術には当然リスクがつきものですが、やはり受け止め難い、つらい内容もありました。具体的には、「卵巣を取れば更年期障害の症状が出る」「人工肛門になる可能性もゼロではない」といったことです。

しかし、何より大きかったことは「子宮を摘出する」ということです。これは、子どもが産めない身体になることを意味していたからです。

小さなころから、「いつかは結婚して、子どもを産むだろう」と思い描いていた自分にとって、それは当たり前にやってくる未来であり、大きな人生のプランでした。夫や子どもと一緒に年齢を重ねるのだろうと思っていただけに、「私のせいで夫が子どもを持てなくなってしまう」とか、「私がいなくなれば、夫は再婚して子どもを持てるのではないか？」「もし手術をして長生きをしても、私が死ぬときに、子どもも誰もまわりにはいないだろう」などと考えると、たとえ手術が成功したとしても、明るい未来が見えなくなりました。

病気で仕事を失い、子どもも産めなくなる私に、生きている価値はあるのだろうか？　生きていてもしょうがないとさえ思うようになりました。

これまでの人生は、いろいろ自分の好きなことをやってきて、どちらかというと後悔しない生き方をずっと送ることができました。もちろん手術をすれば命は助かるかもしれません。しかし、助かったとしても、自分の思い描いていた人生プランが実現できなくなるなど、生きていく価値が見出せそうにないことから、大きな失望を感じました。「これまでの人生が楽しかったのだから、手術を受けずに、幸せなまま、これで人生を終わりにしてもいいのではないだろうか」という考えに傾いてさえいました。

それでも手術を選択できたのは、夫の言葉と「バックギャモン」のおかげでした。バックギャモンは、2つのサイコロの出目に従って駒を進めるゲームです。先読みをしてゲームプランを考えるときに、展開の〝場合分け〟をします。

私は、手術のことも、バックギャモンの展開を考えるように、場合分けで考えてみました。最悪な展開を「死」だとすると、そのなかにも「手術も抗ガン剤もしないで死ぬ」のと「全てしたけれど死ぬ」という2パターンがある……。「どちらがより最悪なのか」と考えていったのです。その結果、今は死にたいと思っているけど、後になって「死にたくない」と気持ちが変わったとき、前者だったら「手術をしていたら助かったかもしれないのに……」というように、何もしなかったことを後悔するだろうという結論に至りました。

「死ぬ選択はいつでもできる。でも、手術という選択は今しかできない。先のことは手術をしてから考えても遅くないんじゃないか」

悩む私に夫がかけてくれた言葉です。バックギャモンによる「展開を考える習慣」と、この夫の言葉に、私は手術を受ける決断をしました。

結果として手術を選択した私は、子宮も卵巣もリンパ節も、すべて切除しました。抗ガン剤治療も受けながら、それと同時に、見失った自分の価値を探すことになります。

仕事を失い、子どもも産めない。「自分には、なんの価値があるのだろう」と、病院のベッドの上で天井のシミを眺めながら考えたことは、「今の自分に価値がないなら、今から創ればいい」ということです。そして、そのとき最初に頭に浮かんだのは、バックギャモンでした。

自分の生きた証を残すため、また、自分の価値を創るため、バックギャモンの世界制覇を目指すことにしたのです。

私にとって大きな一歩を踏み出すきっかけとなる出来事ですが、冒頭から重い話ばかりが続いたので、このあたりで私の病気の話はいったん置いておきます。次章からは、バックギャモンを通じて得た私なりの「運の創り方」についてお話しします。

第 *1* 章

サイコロの目は選べない

なぜ、勝負に強い人は運がいいのか

バックギャモン（backgammon、詳しいルールは巻末で解説します）とは、ひとつのボードをはさんで対峙する2人が勝敗を争うゲームのことで、互いにサイコロを振って自分の駒を進め、相手より早くゴールすることを競う「すごろく」の一種です。

ただし、私たちが子どものころから慣れ親しんだ「すごろく」とはルールが少し異なり、駆け引きの要素が強い頭脳ゲームといっていいでしょう。

互いの駒は15個ずつで、2つのサイコロの出目の数だけ自駒を動かし、自駒で相手の駒の移動をブロックしたり、相手の駒を振り出しに戻したりすることもできます。

そうして相手の駒の動きも考え合わせて自駒を動かして、相手より先に自駒をすべてゴールさせるとポイント（勝ち点）を獲得します。勝ち方によってポイントが異なるので、ときには勝ちをあきらめて相手の獲得ポイントを最小限に抑えることも必要です。最終的には設定されたポイントの先取を目指すというゲームです。

本書の冒頭でもふれたように、海外では大変ポピュラーなゲームで、チェス、ドミノ、トランプと並んでバックギャモンは世界4大ゲームのひとつとされています。

それほど魅力的なゲームが、なぜ日本ではマイナーな競技なのかと不思議に感じる方も少なくないと思いますが、じつは日本でも大流行した時代がありました。今から1000年以上もさかのぼる、はるか昔のことですが……。

そもそもバックギャモンの起源については諸説あり、紀元前3500年ごろの古代エジプト、もしくは古代メソポタミアをその起源とする説があります。

やがて、中国を経て6世紀ごろには日本にも伝わっていたとみられ、7世紀には大流行したようです。720年に成立した『日本書紀』には、第41代持統天皇のころ、「雙六」禁止令が出されたという記述があって、この「雙六」こそ現在のバックギャモンにあたるといわれています。禁止令が出るくらいですから、当時の社会秩序に支障をきたすほどのブームになったのでしょう。

しかし、その後も「雙六」の人気は衰えることなく、平安時代の『枕草子』や鎌倉時代の『徒然草』にも登場します。が、どういうわけか江戸時代以降、衰退していったとみられています。そして、現代ではルールなどもアレンジされた新しいバックギャモンが再輸入されたという流れになっています。

前述したように、海外ではハリウッドスターや著名な実業家が愛好家として知られています。日本では囲碁や将棋のプロ棋士がバックギャモンを楽しむ姿がファンの間では有名です。私も、競技団体や自治体などが主催するイベントでプロ棋士の方々とバックギャモンの対戦をすることがよくありますが、さすがプロ棋士だけあって、決して余技とはいえないほどの実力者が少なくありません。

バックギャモンで2つのサイコロを振ったとき、出目のパターンは6×6＝36通りです（その内、1と2、逆に2と1、など重複する目があるので、動かし方は21通りになります）。2回目にサイコロを振った場合まで視野に入れると、そのパターンは36×36＝1296通りとなります。さらに、3回目には4万6656通りになって、n回目には36のn乗というパターンになります。

当然、プロプレーヤーにもサイコロの目は選べないので、ある程度、先の局面まで想定する先読み力が問われることになります。ただし、膨大な可能性のすべてをあらかじめ読み切ることはできません。しかし、強いプレーヤーほど、まるでどんな目が出るかを知っていたかのように駒を動かして勝利します。初心者には、強いプレーヤーがサイコロの出目さえあやつって、よい目（有利な目）を出し続けているように映るはずです。つまり、「運を味方につけている」ように思えるのです。なぜでしょうか。

私にも経験がありますが、たしかにほしい局面でおもしろいようにほしい目が出るようなツイている場合もあります。でも、それは当然、毎回ではありません。プロも初心者も、サイコロという確率の世界では平等なのですが、両者が戦うと、まるでプロが数々の幸運に恵まれて毎回勝ってしまうように見えるのです。それは、**どういう目が出てもいいように、プロはあらかじめ準備をしているからです。**

強いプレーヤーは、次にどんな目が出ても対応できるように駒を配置していきます。先々の局面について、自分が有利になる可能性が大きくなるように考えて駒を動かすわけです。逆に、弱いプレーヤーほど先々の可能性をみずから狭めてしまうような手を打ってしまう。それは、現在の局面をよくすることで手一杯で、先々への目配りができていないからでしょう。

私たちは、自分にとって望ましいことが起きると「運がいい」と感じます。そうであるならば、**できるかぎり自分にとって望ましいと思えるような状況を作りだせばよい**のです。

そのためには、先々の展開を想定して、できるだけ自分が有利になるような可能性を広げておく必要があります。そうした準備さえできていれば、「ツイてないな」と嘆く可能性が減るのです。

自分の可能性を狭めてしまわないこと――。

運を味方につける第一歩は、どんな状況に転じても好ましいよう、望ましい可能性を広げておくことです。

その先を想像し可能性を広げる

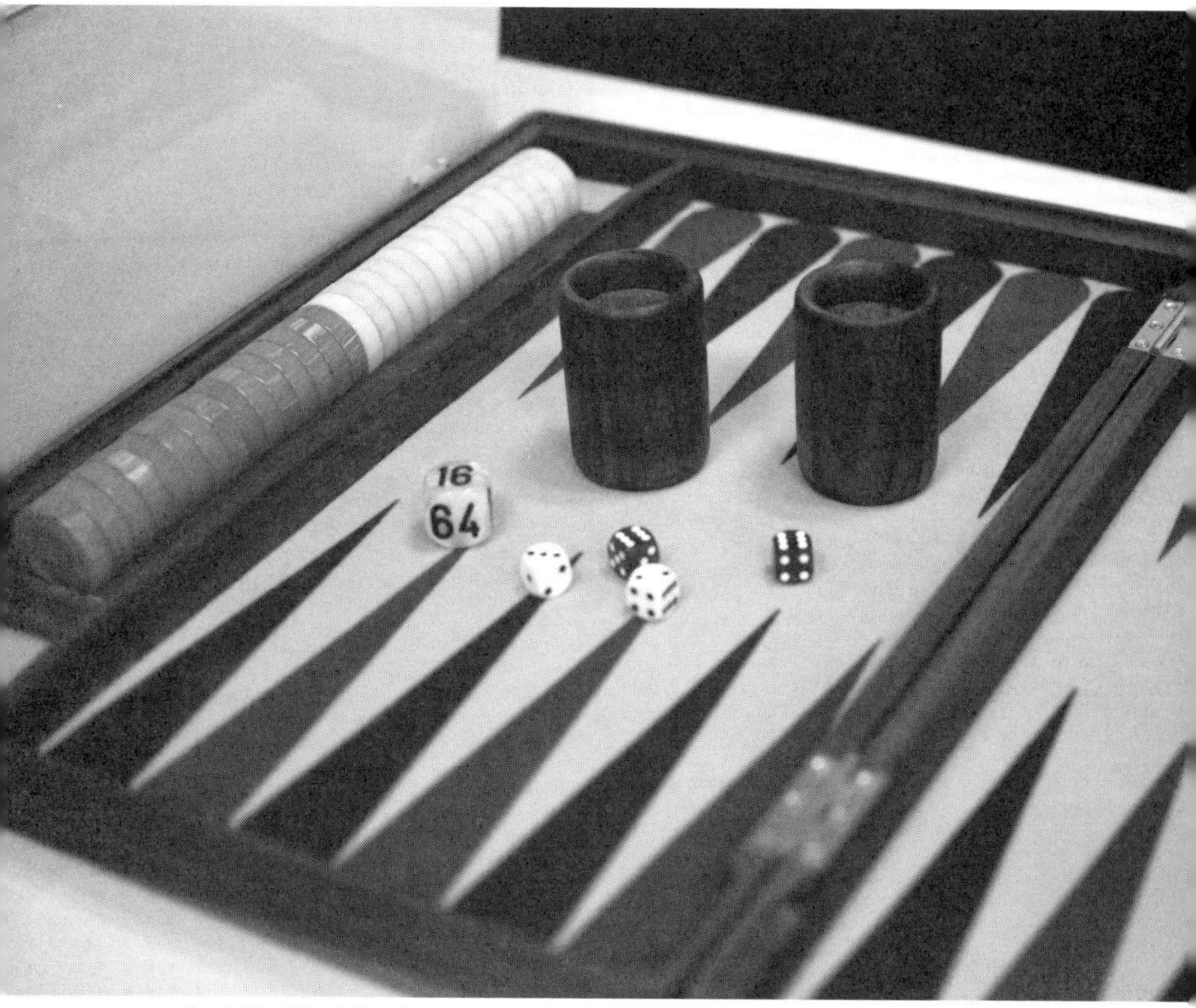

バックギャモンのボード

強い人ほどスタイルを持たない

バックギャモンの世界チャンピオンになってからは、国内外の雑誌や新聞などからインタビューを受ける機会が増えました。質問のなかには、少し返答が難しいものもあります。

「あなたのプレースタイルは何ですか?」とか「他のプレーヤーの特徴は?」という質問も、そのひとつです。なぜ返答が難しいかというと、強いプレーヤーほど、プレースタイルに特徴がなくなるからです。

たとえば、ある局面において、攻撃的なAという手と守備的なBという手が考えられる場合、ともに同じくらいの確率で自分が優勢になると判断できるなら、私はAを選択します。それこそがまさにプレースタイルといえるものですが、プロの世界において、そのような選択を迫られる局面はせいぜい全体の1割程度しかありません。9割の局面では、上級者なら誰でも「この手しかない」と判断が一致するものなのです。それは、バックギャモンがある程度計算すれば答えが出せる、確率的な要素の強いゲームだからでしょう。

では、プロの世界ではいったいどこで勝敗が分かれるのでしょうか。

単純な実力による差をのぞくと、全体の9割は、どんなプロでも駒の動かし方に変わりはないわけです。すると、**プレースタイルによって選択肢が変わる1割の部分で差がつくことになります。** つまり、プレースタイルの特徴が勝因にも敗因にもなるということです。このことは、強さとは何かを考えるうえで大切なことを示唆しているように思います。

対峙する相手とまったく同じ条件のもとに勝敗を争うとき、プレーに何らかのスタイル（特徴）ができるということは、どこかが崩れていることを意味します。フラットな状態を崩すことによってしか、スタイルを作ることはできないからです。

たとえば、野球では守備側におおよその定位置が決まっているものですが、一部の強打者に対しては例外的に極端な守備陣形を敷くことがあります。これが、ここでいうスタイルです。将棋でも「受け将棋」や「攻め将棋」といった表現がありますが、それもスタイルを表わすと考えていいでしょう。

いずれにせよ、スタイルができるということは、長所とともに、その裏返しとしての短所も生まれるということです。

したがって、強い人ほどスタイルを作りません。**どんなスタイルにも自在に対応できるからこそ、状況に応じて自分の隙を最小限に抑えながら相手の隙を突く。**将棋における最強の陣形は、まだ1手も指していない対局開始時の布陣だといわれます。柔道や剣道で最も危険なのは、攻撃しようとする動作に移った一瞬です。勝因と敗因は、まさに表裏の関係にあるわけです。

強さとは弱さである、というのはちょっと気取った表現ですが、勝負の〝あや〟とはそういうことかもしれません。

スタイルを築くと隙が生まれる

USBGF PrimeTime Backgammon Magazine 27
AKIKO YAZAWA VERSUS ED O'LAUGHLIN
Akiko Yazawa, 2013 Dual-Duel Champion, returned to defend her
and O'Laughlin advanced to the score-based side of the Dual-Duel
consistently at about 2.5 PR, give or take 0.1.
accepted the challenge

2014 年世界チャンピオン獲得後から、
国内外の雑誌に取材を受ける機会が多くなった

PRIMETIME
BACKGAMMON
OFFICIAL MAGAZINE OF THE USBGF
SEPTEMBER · OCTOBER 2014
39TH WORLD CHAMPIONSHIP
Exclusive reports from Monte Carlo by Jason Pack and Sabri Büyüksoy
PLANS FOR THE FUTURE
World Championship organizer presents her plans to keep the excitement going
Online Crown
Stick analyzes the Tournament of Champions final match
AKIKO YAZAWA!
Akiko captures backgammon's most prestigious title of 2014 World Champion
VISIT US AT USBGF.ORG
Фантастическая
Акико

小さなミスをして相手の大きなミスを誘う

強さとはどういうことなのか、もう少し考えてみたいと思います。

基本的に、私が目指しているのも「一定のスタイルを持たないプレースタイル」です。いわばコンピュータのような試合運びが、私の理想とするプレースタイルといっていいでしょう。

しかし、人間を相手とする試合では、必ずしもコンピュータが導き出す手だけが正解とはいえないところにコンピュータの発展余地があります。それはまだコンピュータより人間が優れている部分ともいえます。それはコンピュータが、相手もまた自分と同じようにミスをしないという前提で正解を追求しているからです。

バックギャモンの試合では、ある局面において、自分があえて小さなミスをすることによって、相手のより大きなミスを高い確率で期待できるケースがあります。コンピュータの正解はAであることがわかっていても、あえてBという手で、相手のミスを誘うわけです。

このとき、Aなら自分の形勢はプラス10ポイントで、Bならマイナス10ポイントだとしましょう。相手がAに対しては10ポイントのミスをする可能性が高く、同様にBに対しては50ポイントのミスで反応するとすれば、自分と相手の差は次のようになります。

・Aの場合……　10ポイント＋10ポイント＝20ポイント
・Bの場合……　マイナス10ポイント＋50ポイント＝40ポイント

つまり、コンピュータが導き出した正解より、あえて誤った手を打つほうがリードを広げることができるわけです。

ただし、これはあくまで計算上の形勢判断です。何より、自分がBという手でミスを誘っても、相手がミスをする保証はありません。そうであれば、自分が選択すべきはAで、たとえ小さくても間違いだとわかっていてミスをする必要はないと考えるのが常識的な判断でしょう。

しかし、私が世界チャンピオンになれた理由も、それでもあえてそこに踏み出すことができた点にあると考えています。勝因と敗因が表裏の関係にあるというのは、こういうことです。

私がそうしてリスクの高い領域に踏み出すことができたのは、対戦相手を研究しているからです。**事前の研究で相手の棋譜を頭に入れているため、相手がどういう局面でどういうミスをしがちなのかが予想できる**のです。そのとき、相手のプレースタイルが明確であればあるほど、私の予想も高い確率で当たるのはいうまでもありません。

ちなみに、世界大会に出場した当初は、そうして対戦相手のひとりひとりについてプレースタイルを検証し、対策を考えていました。経験を積むにしたがって、それがいくつかのタイプに収斂されることに気づきました。それ以降は棋譜の研究に費やす時間も手間も節約できるようになって、別の研究に労力を振り向ける余裕も生まれました。

コンピュータの正解を超える答えがある

固定観念を打ち破ることがモチベーションになる

私がはじめてバックギャモンの世界選手権大会で優勝したのは、2014年8月のことでした。世界チャンピオンになったのは日本人女性としては初ということで、男性を含めると日本人として3人目の出来事です。

さらに、その4年後にも再び優勝したのですが、世界選手権に2回優勝したのは女性として世界初のことでした。日本人としても、過去に2回優勝したプレーヤーはいません。

その他、種目別の成績も含めると海外では20回以上、国内でも9回ほど優勝しているのですが、未だに「女性部門」での優勝と勘違いされることがあります。囲碁や将棋のように「女流」の制度があると思い込んでいる方が少なくないのでしょう。なかには、男性も参加している大会で女性が優勝するはずがないという先入観から、そう信じ込んでいる方もいるようで、このような状況をとても残念に思います。

私がバックギャモンを通じて勝負の世界に足を踏み入れてから、女性というだけで悔しい思いをしたことは、それこそ数え切れないほどあります。

まず、女性である時点でプレーヤーだと認識されないため、エントリーの列に並んでいても次々に抜かされてしまいます。ようやくエントリーできても、今度はあからさまな好奇の目にさらされて、罵声や嘲笑を浴びたこともありました。中東のある国では、私がプレーヤーだとわかると50人以上の男性に囲まれて、笑われたり、口笛で冷やかされたりしたこともあります。

とくにひどいのは、ダブルスという種目に出場するときです。これはプレーヤーが2人1組になって出場する種目で、たいていの組は男性同士のペアなのですが、私の組は男女のペアになります。すると、私はパートナーの奥さんや恋人と勘違いされることがほとんどで、名前では呼ばれず「○○さんの奥さん」と呼ばれてしまいます。

それを否定すると、今度は恋人と間違われるというのが定番コースでした。

国内では、さすがに多くの男性に囲まれたり、嘲笑されるような場面はありませんでした。けれども、女性としてはじめて国内5大タイトルのひとつである「盤聖戦」に優勝したとき、タイトルの「格が落ちてしまった」「不名誉だ」といった声が聞こえてきました。

男兄弟がいない家庭環境に育ったせいか、私は幼いころから自分が「女性」であるということをあまり意識しませんでした。それだけに、バックギャモンをはじめてからも、当初は女性であるということがなぜ周囲の反発を招いてしまうのかが理解できず、ずいぶん戸惑った記憶があります。

ただし、女性蔑視を声高に叫んで抗議しても、状況は変わらないことに気づきました。これまで強い女性プレーヤーがいないというのは、厳然たる事実だったからです。

いうまでもなく、その時点で強い女性プレーヤーがいないからといって、今後も現われないと判断するのは間違いです。同じように、女性プレーヤーが男性プレーヤーより相対的に能力が劣っているという考え方にも論理に飛躍がありすぎて、誰もが納得できる見解とはとてもいえません。

でも、事実として強い女性プレーヤーが存在しなかったのですから、どれほど主張したところで、そう信じている人たちの認識を変えることはできないのです。女性蔑視だ、精神的に傷ついた、といくら抗議しても、残念ながら「またいってるよ」とうるさがられるだけでしょう。

しかも、1回や2回、勝ったところで、「運がよかっただけさ」と片づけられてしまいます。バックギャモンというゲームを知っていれば「運がよかっただけ」では勝ち続けられないとわかっているはずですが、それでも「彼女は強運だ」で片づけられてしまうのです。

この状況を変えるために、私はとにかく結果を残すことだけを追求してきました。バックギャモンにおいて、女性は男性より劣っていると思っている人たちの考えを改めるには、結果を積み重ね「女性でも勝てる」という事実を示し、その人たちの心の内側から変えないと意味がないと思ったからです。

ですから、何回も勝ち続けて、圧倒的な事実を世界中に示すしかありません。誰も無視できない実績を残すことでしか、性別の壁を乗り越えることは不可能だと思ってきました。

そうして2度の世界チャンピオンになり、私を取り巻く状況は変わったものの、今もまだ女性プレーヤーの数は少なく、依然として男性優位な世界です。しかし、いつか必ず私の他にも強い女性プレーヤーが現われて、女性プレーヤーが男性プレーヤーと同じように、当たり前に優勝する時代が来る日を楽しみにしています。

性別の壁を乗り越えることで強くなる

Leyla（アメリカ）との対戦。女性プレーヤーと対戦するのは 100 試合に 1 回程度

マフィアに脅された危うい体験

バックギャモンは、公園や路上で気軽に楽しむ「ストリートギャモン」から、いわゆる上流階級の人たちが集うような社交の場としてのバックギャモンの大会まで、世界中でじつに幅広い層の人たちに親しまれています。

しかしながら、バックギャモンの試合で海外に行くと、ふだんは忘れている2つのことを今も思い知らされます。ひとつは、自分が女性であるということ。もうひとつは、自分が有色人種であるということです。

女性プレーヤーに対する風当たりの強さについてはすでにお話ししましたが、海外では黒人やアジア人に対する偏見にも直面します。

私は有色人種で、しかも女性のため、あまり思い出したくないような屈辱的な対応をされたこともありました。ショッキングな表現ですが、ほとんど人間扱いをされていないような感覚といえばいいでしょうか。そうした理不尽な差別が単なる偏見にすぎないことを示すためにも、とにかく結果を出して、まずは自分の立場を確立しなければならないと闘争心を燃え立たせたのです。

海外では、そうした偏見との戦い以外にも、日本ではほとんど何の心配もいらないようなことにまで気をつかわなければいけません。治安の問題です。

世界大会が開催されるのは比較的、治安のいい国が多く、会場もたいていはセキュリティに配慮されたエリアに設定されます。しかし、置引を警戒したり、夜間の外出を避けるような配慮は必要です。

さらに、忘れてならないのは、飲食物への過信です。生水を飲まないのは当然ですが、飲料については必ずキャップつきの容器に入った未開栓のものしか手をつけないようにしています。というのも、試合を控えたプレーヤーの飲み物に下剤を混入されるようなケースが、実際に何回もあったからです。

私の場合、そうしたケースよりさらに悪質な手口で、フェアな勝負を妨げられそうになったこともあります。

東ヨーロッパのある国で開催された国際大会に参加したときのことですが、私が1回目の世界チャンピオンになってまだ間もなかったころに、現地の裕福そうな2人組の男性プレーヤーに「世界チャンピオンをもてなしたい」と、食事に誘われたことがありました。

接待を受けることは各国でよくあるのですが、このときはなんとなく違和感を感じたので、友人のロシア人プレーヤー（身長2メートル近い長身の男性です）に通訳兼ボディガードとして同行してもらいました。車に乗せられると、案の定、街中のレストランへ向かうはずが、見る見るうちに森のなかへ連れて行かれて、やがてコンクリート壁の塔のような建物に案内されました。どういうわけか、その塔には窓がなく、中心部には円形の中庭があって、ひどく暗い雰囲気の建物だったことを覚えています。映画の拷問シーンなどに出てきそうな殺風景な部屋に入ると、実際に何度もそんなことが行われていたと思わせる冷やりとした気配が色濃く漂っていました。

食卓につくと、現地の料理が次々に運ばれ、男性たちは終始にこやかな表情で「観光はしたのか」とか「どんな土産物を買うつもりなのか」と、あたりさわりのない話を続けていました。部屋の隅に立っていたボディガードたちの無表情と、灯油を入れるようなプラスチック容器から注がれた赤黒い血のようなワインが印象的でした。

結局、最後まで直接的な言動で脅されることはなかったのですが、平均月収が5万円のその国では、何百万円ものバックギャモンの大会賞金は大金です。彼らのバックグラウンドを見せることが、十分な無言の圧力となったように感じます。要は「おまえが勝ったらどうなるか、わかるよな」ということです。彼らはおそらくマフィアと呼ばれる人たちだったのでしょう。

しかし、私はその翌日の試合に勝つつもりで臨みました。もし私が無言の圧力に屈することなく勝ったとしても、せいぜい賞金を奪われるくらいでしょう。彼らにとって、バックギャモンの世界チャンピオンになった外国人女性の命を奪うというのは、かなりリスクの高い行為です。そこまでは踏み込まないだろうというのが、私なりの判断でした。

ちなみに、実際の試合は私の負けに終わりました。全力で戦ったものの、サイコロの出目がまるで誰かにあやつられでもしているかのように重要な局面で相手に最善の目が出続けて劣勢に追い込まれ、挽回することができなかったのです。

大会後に現地のローカルプレーヤーが、「あの2人組はサイコロをすり替えるイカサマをしていた。だけど、身の危険があるから私が報告したとは誰にもいわないでほしい」と、私に密告してきたのです。残念ながら、すでに大会が終わっていたため証拠を押さえることはできませんでした。このような不正を先進国の大会ですることは非常に難しいので、今後は不正の心配のない安全な国の大会のみに参加しようと学んだ経験でもありました。

危険の質を見きわめる

勝負における「流れ」は幻想にすぎない

テレビで野球やサッカーの試合を見ていると、実況や解説のなかで「流れ」という言葉がよく出てきます。誰かのエラーやミスによって試合の流れが変わったとか、途中から交代した選手の活躍で流れを引き寄せたなどといわれると、たしかに試合展開の潮目が変わったように感じられる瞬間があって、それまで劣勢だったチームが逆転したり、勝利を目前にしていたチームに信じられないようなミスが続いたりします。

でも、実際のところ、試合展開に流れなどあるのでしょうか。勝利の女神が、どちらか一方から運を移し替えるようなことが、本当にあるのでしょうか。

「流れ」という言葉をどのような概念でとらえるかにもよりますが、身もふたもないことをいうと、私は勝負において流れなど存在しないと思っています。流れとはとても曖昧で便利な言葉なので、わからないことを流れで片づけるのは簡単ですが、ものごとには大なり小なり原因があります。

突然起こった思いがけない出来事のように感じても、実は小さな積み重ねがあります。流れのように感じられても、それは自分が作り出した幻想で、**流れで片づけているうちは目の前にある運にも気づかず、ましてや運をつかむことなどできない**、と私は考えています。

バックギャモンの試合でも、駒の動かし方にミスはなかったはずなのに、サイコロの目がよくないことが続いて、気がつけばだんだん劣勢に追い込まれていた、というケースがあります。自分では最善を尽くしているはずなのに、それでも不利な局面になっていった。それは流れが悪いからだと考え、とりあえず納得したとします。そうすると、どこか勝負どころで起死回生の手を打って、試合の流れを変えようなどと考えるわけですが、そういう企みはたいてい失敗します。起死回生の一手とは、言葉を換えれば冒険的な手のことですから、そこに無理が生じて、ますます局面を悪くしてしまうことが少なくないのです。

もし、**自分にとって望ましくない展開が続いたら、まずやるべきことは自分が打ってきた手が本当に最善手だったかを冷静に検証すること**です。最善だと思っていたのは勘違いで、どこかに判断ミスがあったのかもしれません。そうだとしたら、望ましくない展開になるのも当然ですから、どこかの段階で判断ミスを修正すればいいのです。

また、検証してもミスが見つからなかったら、そのまま最善手を打ち続ける努力をすべきです。バックギャモンだけでなく、私たちの日常生活においても、自分には何の落ち度もないのに事態がよくない方向へ向かうことはあるものです。そういう場合は、慌てたりせずじっと辛抱して、とにかくベストを尽くすことを続ける。流れが悪いと思い込んで気持ちが沈んだり、事態を打開しようとしたりして無理をすると、ますます敗色が濃くなるだけです。

悪いことが続いても それは流れではない

「ゾーン」に入ると運も味方する

勝った喜びは一瞬ですが、負けた悔しさはずっと忘れられないことは少なくありません。

私は大会に優勝しても、翌日には喜びを忘れてしまうことがあるのですが、そんな自分にはめずらしく、強く印象に残っている勝ち試合があります。２０１３年８月にモンテカルロ（モナコ公国）で開催された世界選手権大会での一戦です。

世界選手権のような大規模大会では、メインの種目の他にもいくつかサブ種目があって、私は「スーパージャックポット」という種目にも出場しました。前年も同じ種目で優勝していた得意な種目ですが、ちょうど抗ガン剤治療中で、体調面での不安を抱えたまま臨んだ大会でした。

忘れられない一戦となったのは、その決勝戦です。その日は最悪といってもいいコンディションでした。しかも、長引く試合の影響でスケジュールがどんどん後ろにずれ込んで、決勝戦がはじまったのは午前4時。

幸いなことに、決勝戦の対戦相手より自分のほうが実力的に上でしたが、ミスを重ねれば十分負けることのある相手です。いざ試合がはじまると、運は対戦相手に味方していました。とにかく相手の出目がよくて、前半戦はほとんど何もさせてもらえないままワンサイドゲームになってしまったのです。

ところが、それでもまったく負ける気がしなかったのです。自分でも不思議なのですが、どれほど追い込まれても最善手を考えることだけに集中できていました。後半戦に入っても集中力が持続し、前半と後半では正反対の展開となって、私の逆転勝利に終わりました。世界選手権のスーパージャックポットでの連覇は、史上はじめてのことでした。

この決勝戦が印象深いのは、抗ガン剤治療中の痛みのなかで戦ったことと、サイコロの出目が前半と後半で大きく偏ったことだけではなく、じつはもうひとつ非常に稀な経験をしました。

おそらく、このときの私のような状態を「ゾーンに入る」と表現するのだと思うのですが、とにかく集中力が極限にまで高まっていて、頭のなかから雑念や余計な思考がいっさい排除された真空状態になったような感覚でした。

そして、次に出るサイコロの目がわかるような気がしたのです。もちろん、絶対にわかるはずがないのですが、実際、予想した通りの目が何度も出ました。それは、いつも以上に高まった集中力によって、その局面において、どの目が出たときにどう駒を動かすかが、すべてイメージできていたからでしょう。

その感覚は、一種の全能感のようなものです。すべてを想定しているから、何もかも自分の思い通りに展開しているように感じる。前半は自分が追い込まれていたはずなのに、負けるかもしれないという雑念がわかなかったのも、集中力が極限にまで高まっていたからだとすれば、運と集中力に何らかの因果関係があるような気がします。

ただし、「ゾーンに入る」ような経験は、これまで数えるほどしかありません。出場するすべての試合でこれくらい集中力が高まってくれたら、もっと勝率が上がるはずですが、そううまくはいかないようです。おそらく、体調や精神状態など、さまざまな条件が重なったときにしか経験できない境地なのでしょう。

集中力と運には因果関係がある

世界選手権大会の会場と、
試合の様子

泣いている時間を努力に変えよう

子宮体ガンが発覚したとき、「ガン」という死と直結する病への恐怖に涙することもありました。そうした状況を脱することができたのは、泣いていても、治療やバックギャモンなど他のことをしていても、時間は同じようにすぎていくことに思い至ったからです。

そうした経験から、取材でインタビューを受ける際には、よく「泣いている時間を努力に変えよう」とお話ししています。泣いていても現状は変わりませんが、その時間を努力に変えれば、病気がよくなったり、バックギャモンに強くなったり、自分にとって望ましい方向へ事態が動くかもしれないからです。

そうした発想のヒントとなったのは、幼いときに聞いた姉のひと言でした。

まだ小学校に上がったばかりのころだったと思いますが、算数の宿題が解けず、なぜこんなことをしなければならないのかと思うと、いろいろ面倒になって、泣いてしまったことがありました。

そのとき、姉が声をかけてくれたので事情を話すと、「じゃあ、私が教えてあげる」といって、姉はこう話してくれました。

「泣いていても問題は解けないけど、お姉ちゃんと一緒にやれば解けるようになるよ」

この言葉が、その後も何かあるたびに思い出されるのは、「なるほど。たしかにそうだ」と子ども心に深く納得できたからでしょう。以来、涙を流すかどうかは別にして、**たとえ望ましくない事態になっても、思考停止の状態に陥ることだけは避けるべきだ**と戒めてきました。

よくないことが続いたとき、それは「流れが悪いからだ」とか「運に見放されたからだ」と考えてしまう人がいます。でも、それは一種の思考停止状態ではないでしょうか。流れや運といった不確かであいまいなもののせいにして、そこに至った本当の理由を突き止めようとしないのは、算数の問題が解けないと泣くかつての私と、あまり変わらないように思うのです。

もし、よくないことが起こった原因が自分にあったとしたら、まずはそれを修正すべきでしょう。状況が思わしくないときほど、そうして客観的な目で自分を検証する。そうした姿勢を忘れると、ミスにミスを重ねることになり、ますます事態は悪い方向へと進みかねません。泣いていても問題は解けるようにならないのです。

原因を探って修正をする

チャンスをつかむ人と逃す人の差はどこにあるのか

「幸運の女神には前髪しかない」というのは、なかなか説得力のある言葉です。

たしかに、目の前を通り過ぎてしまった女神を追いかけても手遅れで、幸運をつかむ人になるには、女神と遭遇した瞬間にさっと手を伸ばして、その前髪をつかまなければいけません。チャンスをつかむ人と逃す人の差は、チャンスが到来したことに気づく「感度」と、俊敏な「行動力」にあるという指摘には、深くうなずけます。

ただ、私ならそれらに「準備」もつけ加えたいところです。

バックギャモンには、バックゲームという戦略があります。バックギャモンは駒を先にゴールさせたほうが勝つゲームなので、ゴールまでの距離が進んでいるほうが当然有利です。しかし、距離で大きく遅れている場合、あえて前に進まず敵陣でじっと相手の駒を振り出しに戻すチャンスを待つのがバックゲームです。距離で大きく遅れている側にとって、これが唯一の逆転チャンスなのです。

このときに大事なのは、**ただチャンスを待つだけでは逆転できないということです。**チャンスがきたときに勝てるように、自陣に最強の陣を作りながら勝つための準備をするのです。

これは、日常でも同様です。たとえば、出会いを求める若者が1年間「婚活」に励むことになったとしましょう。もし、どんな人にも1年間のうち3日間だけ最高に運のいい日が訪れるとしたら、その3日間は部屋に閉じこもって誰にも会わずに過ごすべきではありません。まずは、何より街へ出かけるべきです。そして、出かける際には、常に身だしなみを整える。いつ出会いに恵まれてもいいように、できるだけの準備はしておくべきでしょう。

しかし、その3日間がいつ訪れるのかは、誰にもわかりません。残りの362日間は空振りに終わるとしたら、期待はずれの日が続くうち、やがて幸運に期待するのもバカらしくなって、「自分はどうせダメなんだ」と、みずから進んでチャンスを捨て去る人は少なくないはずです。

ところが、なかにはあきらめない人がいます。何十日と空振りが続いても、必ず最高に運のいい日がくると信じて、毎日、身だしなみを整えて街に出る。よい出会いに恵まれるかどうかはわからないにもかかわらず、準備だけは整えて、その瞬間を待つことができる人。努力が必ず報われるとは限りませんが、努力なしには何も得られないのです。チャンスをつかむ人とは、そういう人です。

常にできるだけの準備をしておく

「正解」は状況によって変化する

長年、バックギャモンをしていてつくづく感じるのは、バックギャモンのゲーム性には私たちの人生との共通点がたくさんある、ということです。

まず、自分にはコントロールできない部分がたくさんあること。バックギャモンにおいて、２つのサイコロの出目を予測することは不可能ですが、人生においても先々、何が起きるかはわかりません。

ただし、**どんなことが起こっても、それに対するリアクションを決めるのは自分自身です。**バックギャモンも、サイコロの目は予測できないものの、出た目をどう活かすかは自分次第なのです。

たとえ望ましくない目が出ても、最善手を選ぶことによって痛手を最小限に抑え、勝負に勝つ可能性を残すことができます。選択肢を間違えれば、ますます悪い方向へ進んでしまうでしょう。自分にはコントロールできない運の影響を大きくするのも小さくするのも自分の腕次第、というわけです。

先々を考えて正しい手を打てば運を味方につけることもできると気づいたのは、まさにバックギャモンのおかげです。

同じような「気づき」はいくつかあるのですが、なかでも「答えはひとつとはかぎらない」と気づいたことも、私にとっては大きな出来事でした。

バックギャモンでは、たいていの場合、最善手はひとつです。多くの選択肢のなかから正解を選択できるかどうかで勝敗が左右されます。

ところが、稀に複数の正解がある局面があります。Aという手もBという手もまったく同じ勝率という局面があり、そこでどちらを選ぶかはプレーヤーの好み次第という場合があるのです。バックギャモンという数字の世界でもそういうケースがあるのですから、人生において、いつも必ず正解がひとつであるはずがありません。

そうだとすると、人生における「正解」を次のようにとらえることができそうです。

たとえば、日本では初対面の方や目上の方とお話しするとき、私たちは「自分」をあまり主張しないほうがその場に波風が立たないので、そうすることで、円滑なコミュニケーションにつなげようとします。そう教えられた人もいれば、経験からそう学んだ人もいると思いますが、いずれにせよ、そういうケースではそう振る舞うのが無難でしょう。

しかし、海外ではそれが不正解の場合があります。とくに欧米や中東の国々では、言葉が通じないのならなおさら「自分」を主張しないと、何を考えているのかわからない不気味な人物と思われてしまいます。これは日本と海外のどちらが正解ということではなく、状況によって正解は異なるということです。

また、私が学生時代に経験した例ですが、ファミリーレストランでアルバイトをしていたとき、店長からゴミを捨てるタイミングを指導されたことがあります。それによると、ゴミ捨てはゴミ箱がいっぱいになったときにするべきで、そうすればゴミ袋の削減になり、何回も捨てに行くより時間の短縮にもなる、という話でした。

ただし、それはファミレスにおいて合理的な判断かもしれませんが、家庭においては合理的ではありません。ゴミ箱がいっぱいになるまでため込むのは不衛生で、自分が捨てたいと思ったタイミングで捨てないとストレスになってしまいます。ファミレスと家庭では必ずしも正解は同じではないのです。

そして、状況だけでなく、時間という点でも、昨日、正解だったから今日も正解とはかぎりません。また、人によっても、Aさんにとっての正解が、Bさんにとっては不正解かもしれないのです。正解とは、状況や時間などさまざまな条件によって変わるものです。

答えはひとつとはかぎらない

勝つためには、あえて手を抜くこともある

毎年、甲子園球場で開催される高校野球大会は、ふだんあまり野球に関心のない人の目にも魅力的に映るのか、地元代表校の試合結果が気になるという人も少なくないようです。でも、プレーそのものはプロ野球のレベルに遠く及ばないはずなのに、なぜ高校生のプレーはあれほど感動的なのでしょうか。

それは、彼らが全力で勝負に挑む姿に私たちの心が揺さぶられるからでしょう。さらに夏の甲子園であれば、1年で最も暑い季節に開催される過酷な時期設定も感動と無関係ではないと思います。

ただ、勝負ごとにおいては常に全力ではなく、あえて手を抜くということが必要な

局面もあるのです。

バックギャモンの世界選手権は、真夏のモナコで10日間トーナメント方式で戦われます。全身を動かすことはないものの、トーナメントを勝ち抜くためには相当な体力が必要です。たとえば、初戦から17点先取しなければ勝てない長丁場なので、1試合あたり4時間かかり、それを毎日2回も戦わなければなりません。試合中は椅子に座ったまま上半身しかほとんど動かさないにもかかわらず、大会が終わると体重が2キロくらい減ってしまいます。脳がエネルギーを大量に消費するからです。

そうした環境を勝ち抜くために大切なのは、「上手に手を抜く」ということです。手を抜く、というと不真面目に聞こえますが、それはいい加減にするという意味ではもちろんありません。要は、**コンディションを維持するために体力を無駄に消費せず、エネルギーを上手に配分するということです。**

バックギャモンの大会では、あらかじめ設定された点数を先取したほうが勝ちます。多くの大会で設定されている11点先取の試合なら、11対0で勝っても11対10で勝っても、結果は同じなのです。

それなら、すべての試合を11対0で勝とうとするような強烈な意気込みは、優勝を狙ううえではあまり意味がありません。実力を1試合で披露しなければならないエキシビジョンマッチのような特殊な例を除けば、むしろ体力や気力を次の試合に温存するような軽い勝ち方こそ望ましいわけです。

そのために必要なのは、**対戦相手の実力を正確に見きわめる力と、自分のパフォーマンスをコントロールする力です。**その2つが機能しなければ、トーナメントを勝ち抜いて大会に優勝することは難しいでしょう。


どういう勝負であれ、常に全力で挑むのは理想です。しかし、コンピュータと違って人間には体力や気力に限りがあります。限界がある以上、それを上手に配分するのもプロの腕の見せどころで、そのために手を抜くのは戦略上、当然のことなのです。

自分ではいつも全力投球でがんばっているはずなのに、なかなか結果が出ないと悩んでいる方は、少し肩の力を抜いてみてください。100メートル走の決勝ならスタートからゴールまで常に全力でも構いませんが、マラソンならスタートから全力疾走すると疲労でゴールすらできなくなります。自分が何に取り組んでいるのかを見極め、本当に必要なときに全力を出せる準備をすることで結果に結びつくことも少なくありません。

いつも全力投球がいいとは限らない

不利な局面での戦い方

これはある経営者の方の話ですが、判断を誤って大きな借金を抱えてしまったり、業績が伸び悩んで倒産の危機に直面したりすると、心身に大きなストレスを受けて疲弊しつつも、一方で「見せ場がきた」とも感じるのだそうです。

人生も一編の物語だとしたら、ピンチこそ見せ場であり、のちに振り返ったときに最も忘れがたい場面になるからでしょうか。そのように考えると、大きなピンチに直面したときほど「やってやるぞ」という意欲がわいてくる、という話でした。

映画や小説の世界では、主人公がよく絶体絶命のピンチに直面します。必ず逆境に立たされて、それをどう切り抜けるかに知恵を絞り、全力で立ち向かってピンチを脱する。観客や読者は、そうした主人公の懸命な姿に感動を覚え、ときに涙を流すわけです。

もちろん、映画や小説と違って、実際の人生では絶体絶命のピンチを乗り切ってハッピーエンドを迎えるとはかぎりません。とはいえ、そのようなとき、自分自身を物語の主人公ととらえると、人生を客観的に眺められることにもなります。「ピンチこそ見せ場」と考えることは、逆境に立たされた際の心構えとして、興味深い考え方だと思います。

バックギャモンの試合でも、不利な局面における戦い方は非常に大切です。そういうときこそ、プレーヤーの実力が表われるといってもいいくらいで、どんなに追い込まれても最後まで集中力を切らさずに戦い抜くのは、簡単ではありません。

私はよい局面でも悪い局面でも、常に表情や姿勢を崩さないようにしています。表情やしぐさに焦りや怒りを出さないようにするのです。不利な局面に追い込まれるほど、内心、平静ではいられないものですが、そういう不安が伝わってしまうと、対戦相手に心理的な余裕を与えてしまうことにもなりかねません。まったく動じていない態度を示せば、逆に相手自身が局面を読み間違っているのではないかと不安を感じて、自滅してくれるケースも考えられます。

そして、もうひとつ、**たとえ1パーセントでも勝つ確率が残っているなら、最後の最後まであきらめない**ことです。バックギャモンは形勢が二転三転する可能性の高いゲームで、実際に、私もこれまで何回も勝率1パーセントから勝利したことがあります。もっとも、それゆえに自分が有利な場合も、最後の最後まで気が抜けません。

はっきりとしたかたちで自分の負けが決まるまでは、最善手を考え続けるかぎり勝ち目は残されます。どんなに不利な局面でも、途中であきらめるということは、みすみす勝利する可能性を手放すということなのです。

大逆転とは、最後まであきらめず戦い抜いた人にしか起こらないのです。

逆境のときほど戦い方が問われる

死を目前にしてもチャレンジはできる

人生の時間が限られていると考えると、1日1日を大切に、できるだけいろいろなことを経験して、この世界を少しでも大きく「知っている」世界に変えたいと私は思います。もちろん、何かを1回でも経験することが、すなわち「知っている」ことではないとは思いますが、少なくとも未経験の状態に比べれば、得るものはあるはずです。

そうして世界が広がると、一見、何の関係もなさそうなもの同士がどこかでつながっていることに気づいたり、思わぬ役に立つこともあったりして、何かひとつの分野を深く追求することと同じくらい、広く浅く知ることにも価値があると思えるのです。

とはいえ、新しいことにチャレンジするのが苦手な人もいるでしょう。

じつは、私はもともとそういったタイプだったのでわかるのですが、そういう人は、やるからにはしっかり準備して、意義ある経験にしようという意識が強すぎるのではないでしょうか。真面目に取り組もうとするから、いろいろ調べているうちに難しく思えて敷居が高くなり、再び居心地のいい「知っている」世界に戻ってしまうのでしょう。

でも、深刻に考える必要はまったくありません。私は今年「元日にデパートの福袋を買う」という新しい経験をしましたが、こんなことでもいいと思うのです。

子宮体ガンが発覚して闘病生活に入ったときは、やりたかったバックギャモンもできなかったほどですが、病院のベッドの上でも新しい経験はいくらでもできました。

たとえば、そもそもガンという病気自体がはじめての経験です。抗ガン剤を投与されるのもはじめてなら、子宮の摘出もはじめてです。「はじめて」という視点でそうしたものを見つめていくと、私は大病を患っているから何もできないとは思いませんでした。抗ガン剤の副作用で全身の毛が抜けたとき、もちろん大きな喪失感はありましたが、「初のスキンヘッド」だと考えると、むしろさまざまなウィッグを楽しめるいいチャンスだととらえることもできたのです。

死を目前にしてさえチャレンジができるのですから、考え方次第では、いくらでも新しいことに挑戦することは可能です。その**ひとつひとつは何の役にも立たない小さな経験かもしれませんが、やがてそれが蓄積されると、何らかの意味を持ってきます。**それこそ自分が生きた証であり、人生の財産といえるのではないでしょうか。

軽い気持ちではじめるのがチャレンジを続けるコツ

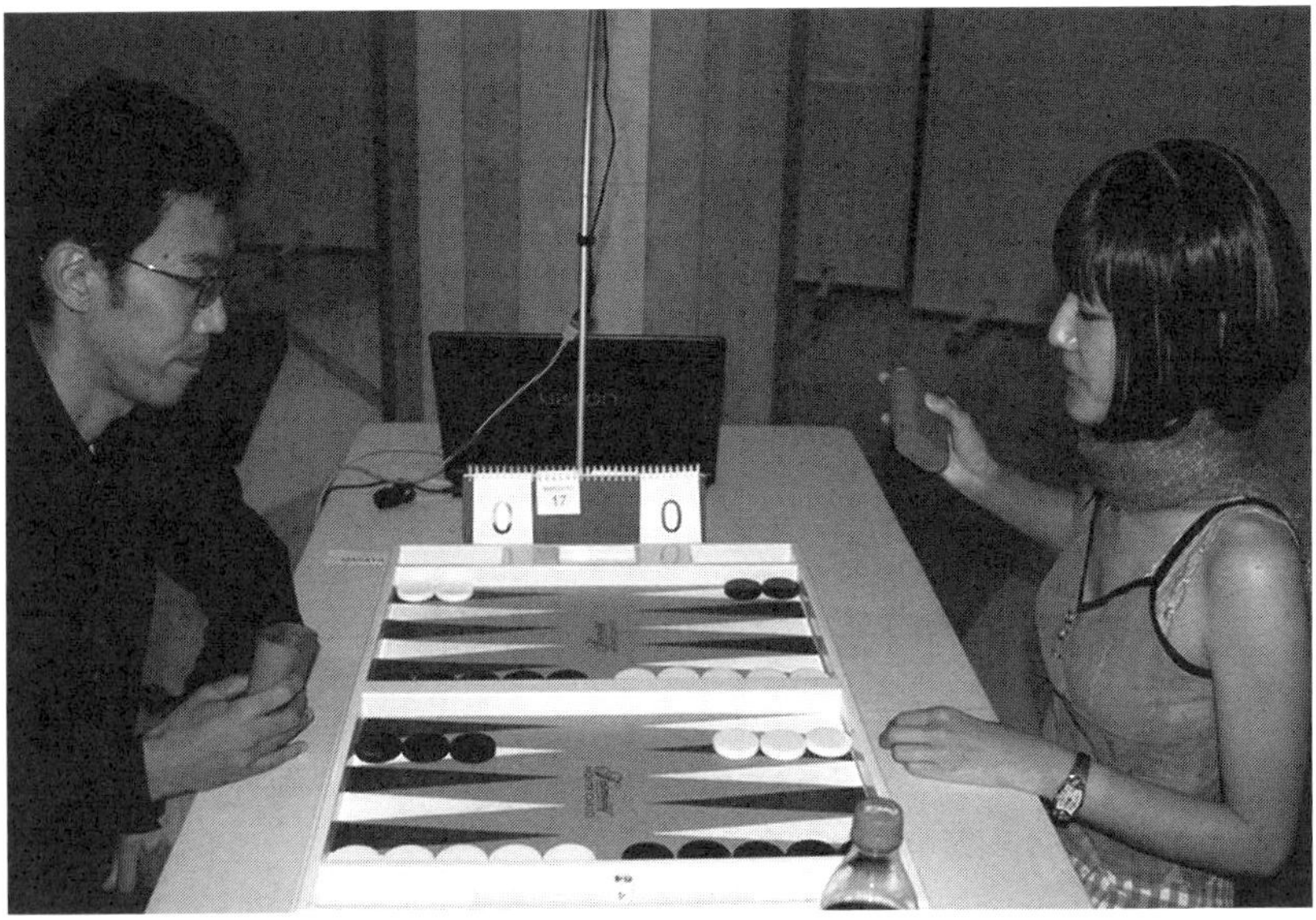

2014 年世界選手権、準々決勝の様子。ウィッグをつけて対戦した

第 2 章

「運」に選ばれる思考法

「完璧主義」は強くなるための必要条件か

バックギャモンの試合で勝つためには、「手を抜くこともある」というお話をしました。完璧主義で試合に臨むとすると、毎試合全力を出していく必要があります。バックギャモンは1日に長丁場の試合を2試合することが多く、これでは戦略的に失敗してしまうため、力を加減することもあるのです。

しかし、私には、もともと完璧主義的な性質があって、何かに取り組む際には最初から100点満点を取りたいと考えがちでした。ところが、完璧主義の負の側面なのでしょうが、もし100点が取れなかったら90点でもゼロ点でも一緒だと思ってしまうのです。できるかできないか、有か無か、といった極端な発想になる傾向がありました。今日が60点なら明日は61点でもいいから、とにかく少しでも上達しようという漸進主義的な発想は、最終的に100点が取れる見込みがないとできないのです。

もちろん、ひとつの道をきわめる人にもさまざまなタイプがあって、なかにはそうした完璧主義で勝ち続ける人もいると思います。しかし、私の場合はそういう思考が不器用さとして表出してしまうため、未だに自分を成長させる最も効率的な目標設定の方法がつかめずにいます。

結局のところ、一種の妥協が必要なのは自分にも理解できます。常に完璧を求めなくても、どこかで妥協すればいいと考えるようには努めているのですが、生まれもっての性分というのはなかなか変わらないもので、少しでも気が緩むと抑え込んでいたはずの完璧主義が頭をもたげてきます。

そういうとき、思い出すようにしているのは、小学生のころに打ち込んでいた水泳での経験です。

スイミングスクールに通っていた姉の影響で、私も3歳から水泳をはじめたのですが、実際に練習をはじめてみると、体全体が浮力を受ける不思議な感覚や光も音もゆがんでしまう水中の非日常性がおもしろくて、そのうちみずから積極的に水泳に取り組むようになりました。

やがて、関東大会に出場して個人メドレーで表彰台に上るくらいになると、のちにオリンピックに出場するような選手も参加している育成コースに選抜され、本格的な訓練を受けるようになりました。練習を重ねればタイムも速くなり、周囲から将来を期待されることをうれしく感じたものです。

競泳では、ひたすらタイムを追求します。それはまさに自分との戦いで、わずか0・1秒でも自己ベストを更新するために、少しでも水の抵抗を受けにくいフォームを工夫しました。

ところが、毎試合、自己ベストを更新するつもりで泳いでいても、最終的な勝者にはなれないのです。予選を通過してから準々決勝、準決勝と勝ち上がっていくには、決勝までの試合を視野に入れて体力を温存しなければならないからです。

自己ベストの更新を目指すうえでは、完璧主義もいいのかもしれません。でも、それだけでは勝負に勝てない。記録の更新を目的とするならば常にベストパフォーマンスを追求すべきですが、**勝負の世界を勝ち抜くためには、あえてベストを追求せずに**

ベターでとどめておくことも大切だと水泳を通して学びました。

そういう勝負の機微に気づいたことは、のちにバックギャモンのプレーヤーとなってからも、ずいぶん役立ったように思います。

ちなみに、競泳については、その後、引越しでスクールに通えなくなったこともあり、やめてしまいました。もし、そのまま続けていたら……と考えることもありますが、バックギャモンのように世界チャンピオンになることは、おそらくなかったでしょう。

全力主義ではなく漸進主義でいく

初実戦で世界最高峰のプロに勝利する

ここで、私がバックギャモンの魅力にとりつかれるようになった経緯も少しお話しします。

私がバックギャモンと出会ったのは、２００１年、大学在学中に紅海でスキューバダイビングをするのが目的で訪れたエジプトでのことでした。新しいことに挑戦すれば世界が広がるという思いから、私は中学１年生の年始から「毎年10回、新しいことをする」と決めて、以降ずっと続けています。その一環で大学生のときにスキューバダイビングをはじめ、世界の海をすべて制覇しようと思い立ったのです。

エジプトでは、現地の人たちがゲームに興じる姿が気になりました。海岸でも街中でも、至るところで人々が何かのゲームに夢中になっていたのです。

帰国後、調べてみると、それがバックギャモンというゲームだとわかりました。バックギャモンは自分にとって新しいものですから、やってみることにしました。といっても、私の周囲にはルールどころか、ゲームそのものを知っている人がいません。そこで、ちょうどパソコンのWindowsにマインスイーパーなどのゲームと一緒にバックギャモンが最初から入っていたので、ひまつぶし程度にはじめたのが「ふりだし」です。

それから、オンラインのサイトをのぞいて、上級者のゲームを観戦するようになりました。観戦するだけでも徐々にゲームとしての深みを理解していきましたが、本当にその手が正しいのか疑問に思うこともありました。そこで、次に私は解析ソフトを買ってきて、正解の手を調べはじめました。私が短い間にそれなりの実績を残すことができたのは、この解析ソフトのおかげであるのは間違いありません。

まだ解析ソフトがなかった時代は、正解がわからないので、膨大な時間をかけて手探りで最強の一手を探すしかなかったでしょう。しかし、先人が尊い苦労を重ねてようやく到達した成果を、一瞬で計算してしまうのが解析ソフトです。もし、私が解析ソフトを使うことなく、昔のようにコツコツと経験を重ねるしか道がなかったら、世界チャンピオンになるまでの道のりはずいぶん遠回りを強いられていたはずです。もちろん、はじめての実戦で上級者に勝つようなことも、あり得なかったでしょう。

解析ソフトで勉強しつつ、それまでは観戦するだけだったオンライン対戦に自分も参加するようになって、それなりの手応えを感じました。そして2003年1月、私は東京・新宿のあるゲームカフェを訪ねました。そこは、お客同士がさまざまなボードゲームを楽しむことができるというお店でした。

じつはそのお店には、もともとバックギャモンをする目的で行ったわけではなく、友だちと一緒に「何かゲームして遊ぼうか」という話になり、当時ドイツで流行っていた4人対戦の「カタン」というゲームをやりに行ったのです。

お店に入るとすぐに、友人と、店内でたまたま居合わせた同世代の男性と4人でカタンの対戦をすることになりました。その居合わせた男性のひとりが、「僕はバックギャモンのプロなんですよ。バックギャモン、ご存じですか?」といってきたのです。

ちょうどエジプトでバックギャモンを知り、解析ソフトで練習し、そろそろ人と対戦してみたいと思っていたところだったので、すぐに「知っていますよ」と返答。すると、「じゃあ、対戦しましょう」ということになりました。

その男性は望月正行さんという、のちに日本人初の世界チャンピオンになるプロバックギャモンプレーヤーでした。このときは5ポイントマッチ（5点先取）で対戦し、幸運にも私が勝利しました。はじめての人との対戦で、しかもプロに勝てたという喜びもあり、望月さんとの対戦は今でも強く印象に残っている出来事です。もちろん、将来この2人がどちらもバックギャモンの世界チャンピオンになるとは、このとき誰も予想しなかったでしょう。

私は翌年の２００４年に、5月にはじめて出場した中級者クラスの大会で優勝。11月には、日本バックギャモン協会が主催するタイトル戦「盤聖戦」に初出場で優勝して、女性としてははじめて国内5大タイトルのひとつを獲得しました。

新しいことに挑戦し続けると運命と出会える

「負け」がツキを呼び寄せるとき

トランプを使った「ポーカー」は、日本でもポピュラーなゲームです。ポーカーにもさまざまな種類がありますが、世界的に一番メジャーな「テキサス・ホールデム」は手札2枚と場の共通カード3枚で作る「役」の強さを競うゲームです。バックギャモンと同じく、毎年、世界選手権大会が開催されています。その大会に優勝し、2012年に日本人としてはじめて世界チャンピオンになった木原直哉さんが学生時代からの友人だったこともあり、私も趣味程度にたしなんでいます。誘われるがまま何度か大会にも参加して、国内予選の東京代表やアジア大会の決勝に進んだこともあります。

バックギャモンというゲームをご存じない方のために、今度はポーカーを例にして「運」について考えてみます。

バックギャモンでサイコロの出目が思うようにならないのと同じく、ポーカーでもどんなカードが配られるかは自分でコントロールできません。したがって、ポーカーも運で勝敗が分かれるゲームだと認識している方は少なくないと思いますが、じつはポーカーは数学的な確率のゲームなのです。

ご承知のように、トランプのカードは52枚です。つまり、自分に配られるカードは52分の1の確率で決まります。手持ちのカードと場に出ているカードを見れば、自分のカードの強さが上位何パーセント程度かというのが想像できます。そして、相手が自分より強い確率も見積もり、その勝負に勝った場合、獲得するチップの数を考え合わせてみると、相手と勝負することによって生じるリスクが適正かどうかが判断できるというわけです。

どういうカードを手にするかがコントロールできないという点で、たしかにポーカーは運のゲームといえるのかもしれません。でも、それを使って手札の強さを競うとき、求められるのは計算力や状況判断能力です。**状況を冷静に見きわめて勝負に臨めば、運も味方につけることができるというわけです。**

もしポーカーがまるきり運だけのゲームだとしたら、例えば10人で遊ぶ場合、運が平等ならば10回のうち1回しか勝てないので、残りの9回は勝負から降りることになります。

ただし、運だけのゲームではなく確率のゲームだという観点でポーカーに参加すると、状況を正しく判断することによって、その9回の負けを小さく抑えることができます。そして、わずか1回のチャンスであっても、ガツンと大きく勝つことができるのです。すると、ほとんどの勝負に降りていたにもかかわらず、最終的にチップだけは増えているという望ましい成果を手にすることができます。

ポーカーが教えてくれるのは、**勝敗を分けるのは何かという「しくみ」を見きわめることの重要性です。**運の要素にばかり着目して、しくみが正しく理解できていないから、ただただ運だけを頼りに毎回、神頼みで勝負して、結果的に負けてしまう。勝てないゲーム、すなわち負けるゲームでどのように立ち回るかが、最終的な勝敗を分けるのです。

そうした根本原理がわかっていれば、目先の勝ち負けが必ずしも重要ではないことが理解できます。すると、勝つために引くことができるのです。

「しくみ」を見きわめるというのは人生においても、覚えておいて損はない教訓だと思います。

勝敗を分ける「しくみ」を見きわめる

「短所」は伸びしろの大きな部分ととらえる

いわゆるスパルタ式の教育が非難を浴びるようになってから、人材育成の主流は「短所を矯正する」ことから「長所を伸ばす」ことに変わってきました。権威や恐怖によって相手を従わせるのではなく、相手の長所を見出して褒める。そうすることで、相手の長所がさらに拡大して短所を覆い隠したり、長所の拡大に引っ張られたりするように短所も改善する、という考え方なのでしょう。

だからといって、直せる短所を放置したり必要な改善をしなくていいと考えるのは間違いです。

私の場合、バックギャモンはほぼ独学で身につけたため、コーチなどの指導を受けたことはありませんでした。したがって、自分の能力をどう伸ばすかも自己診断にもとづいて方針を立ててきたのですが、長所を伸ばすより、なるべく短所を補うような意識で研究を重ねてきました。

バックギャモンをはじめたころは、私にも苦手な局面がいくつもありました。その自覚した局面については、どういう方針で駒を動かせばいいのか、考え方が間違っていないか確認しながら、何百回と同じ局面を繰り返しながら、答えを探していきました。私にとってはそれを積み重ねることが、トレーニングといえます。

トレーニングを重ねるうち、やがてその局面においてはどういうふうに駒を動かせばいいのかというコンセプトがわかってきます。すると、それまで苦手だったはずの局面が、得意な局面に変わる。そうして短所を長所に変えていくことによって、少しでも死角を減らすというのが、私のトレーニング方針でした。

トレーニングには膨大な時間がかかります。限られた時間のなかで実力を向上させるには、なるべく伸びしろの大きい部分を集中的にトレーニングしたほうが効率的です。ただし、取り組んでいるジャンルやかけられる時間にもよりますが、**長所がある程度確立されたならば、それをさらに伸ばすより、短所を補うトレーニングに優先的に取り組むほうがより成果を得られることもある**のです。

振り返ってみると、今私が得意とする局面のなかには、もともと苦手だったものがいくつかあります。このようなトレーニングの積み重ねによって、短所が長所に転じ、大きな伸びしろを活かすことができるのです。

勝ち続けるには自分の死角を減らす

目標を必ず達成する方法

ビジネスであれ趣味であれ、何かに打ち込んで知識やスキルを向上させたいと思うとき、目標を設定します。最初からいきなり最終目標を掲げて、その高みに向けて努力するほうがやりやすいと感じる人もいれば、マラソン選手が「あの電信柱まで」と自分を鼓舞しながら走るように、目の前の小さな目標をひとつひとつクリアするほうが達成感があっていい、と感じる人もいるでしょう。

モチベーションが維持できるなら、私はどちらのタイプでも構わないと思いますが、経験上、目標を達成するためにはちょっとした工夫が必要だと考えています。それは「目標を誰かにいうこと」です。

目標は公言すると、いいプレッシャーが生まれる

私が日本人女性としてはじめてバックギャモンの世界チャンピオンになったのは、2014年のことでした。じつはその2年ほど前から、私は「世界チャンピオンになる」と公言していたのです。人の前でそういったのは、自分にいい聞かせるためでもあり、プレッシャーをかけるためでもありました。

公言した手前、もし実現できなかったら、恥ずかしい思いをするのは自分自身です。そういう事態だけは避けたい、という自尊心のようなものをプレーヤーとしてレベルアップするためのモチベーションに転換させたかったのです。

そうして自分を追い込んだことは、結果として、私にとっては正解だったと思います。世界チャンピオンになるという目標が、抗ガン剤の副作用に苦しめられた闘病生活を耐え抜く支えにもなったからです。

はじめての世界チャンピオン獲得後、トロフィーとととともに

超人的なプロ・ロードレーサーが私を励ましてくれた……

この本のテーマとは少しはずれるのですが、目標や努力についての私の考え方を違った角度からご理解いただくためにも、私が今までに影響を受けた人物である、ランス・アームストロングという方のことも少しお話しさせてください。

彼はアメリカのプロ・ロードレーサーで、オリンピック、サッカーのワールドカップと並び「世界3大スポーツイベント」に数えられるツール・ド・フランスにおいて、7連覇という偉業を達成した大スターです。

また、ガンを克服したアスリートとしても知られています。

彼は21歳のときに世界選手権に優勝するなど、早い時期から将来を期待されていたのですが、1996年、25歳のときに精巣腫瘍と診断され、ガンが発覚しました。

そのとき、すでに肺や脳にも転移していて、選手生命は絶望かと思われながらも、その後、ガンを克服し、2年後にはプロとして公式戦に復帰。さらに翌99年から2005年にかけて、7年連続でツール・ド・フランスで優勝しています。

私は、抗ガン剤治療のつらさを経験として知っているので、それが身体にどれほど大きな負担を与えるかも、おおよそ想像がつきます。彼もアスリートとしてはほとんど致命的なダメージを受けたにもかかわらず、それを乗り越えて復帰しています。それだけでも驚嘆に値する偉業といえますが、さらに彼は、健康なライバルたちを抑えて7年も連続して大舞台を制覇しているのです。その強靭な肉体と精神力は、私にはちょっと想像がつかないレベルで、ただただ敬服するばかりです。


もっとも、彼はその後、ドーピングが発覚して7連覇の偉業も取り消されてしまいます。もちろん、ドーピングは肯定されるはずもありませんが、そうした不正を差し引いたとしても、やはり超人的なアスリートだと思います。

彼の存在は、私にガンが発覚する前から知ってはいましたが、自分も同じように闘病生活を送るなかで、彼の活躍にはずいぶん刺激を受け、励まされたものでした。

生き方のモデルとなる人を見つける

ホームレスからなぜトップ・プロになれたのか

バックギャモンでは、強いプレーヤーほどプレースタイルから個性がなくなるという話をしましたが、そのことはプレーヤーの人格や性格にあてはまるわけではありません。むしろ、プレースタイル以外の部分に関しては強烈な個性を持ったプレーヤーが少なくありません。

私の親しい友人のひとりに、マトベイ・ナタンゾン（愛称「ファラフェル」）というプレーヤーがいます。２００７年と２０１１年に世界ランキングのトップに選ばれたほどの実力者なのですが、彼はかつてホームレスでした。

出身はイスラエルで、たしか彼が高校生のころ、家族とともにアメリカへ移住したのですが、当初はおそらく生活基盤が不安定だったのでしょう。しばらくの間、ニューヨーク市の公園で暮らしていたそうです。

そういう生活のなかで、彼はバックギャモンの腕を磨き、やがて貧困から脱しました。街の人々が公園でバックギャモンを楽しむ「ストリートギャモン」では、一部の人がお金を賭けていました。ファラフェルは一生懸命勉強し、彼らに挑みました。勝てば、賭け金が手に入るからです。賭け金といってもたいした額ではないはずですが、それでも当時の彼にとっては貴重な収入源で、いわば経済的な利益をモチベーションにして、ホームレスからトッププロにまで上り詰めたのです。

また、かつて世界チャンピオンになったこともあるフランク・フリーゴというプレーヤーは、バックギャモンの思考法を応用してアメリカンフットボールの戦略を策定するシステムを考案し、多くのチームに採用されています。彼の場合は単なるバックギャモンのプレーヤーというより、数学者兼ベンチャー経営者のような独特のスタンスといえるのかもしれません。

その他、日本では見かけないような規模の大富豪もいれば、職業不詳ながら国家元首の親友だったり、俳優や映画監督といったハリウッド関係者もいたりして、経歴も地位も人格も個性的なプレーヤーが少なくありません。

そうしたプレーヤーたちと話していると、彼らの多くが「自由人」であることに気づきます。こうあるべきだとか、**こうあらねばならないという発想が希薄で、先入観や特定の考え方に縛られる人はほとんどいません。**

おそらく、そうした自由さが独特の個性を形成し、またプレーヤーとしての発想を豊かにするのでしょう。こうしたことも、トッププレーヤーに個性派が多いことの理由のひとつなのかもしれません。

自由な発想が唯一無二の個性を作る

ファラフェル。
かつてホームレスだったが
ストリートバックギャモンで腕を磨き、
貧困から脱した

いい負け方と悪い勝ち方がある

試合に負けたとき、私は解析ソフトを使って棋譜を分析し、敗因について考えています。勝ったときにも同様に棋譜を検証します。それは、結果的には勝っていても、その内容が１００パーセント正しかったとはかぎらないからです。

バックギャモンにおいてほとんどのミスは、局面に対する理解が不足していることによって起こるといっていいでしょう。プレーヤー間の実力の差とは、この理解力の差と表現してもいいくらいで、実力が伯仲するトップレベルのプレーヤー同士の対戦では、そのわずかな差が勝敗を分けることになります。

そういったミスは、負けた側に目立つことが多いのですが、だからといって勝者側にミスがないということにはなりません。

だからこそ、**勝者にも棋譜の検証が必要**になります。そこで振り返っておかないと自分のミスに気づかず、正しいと思い込んでしまうおそれがあるからです。正しいと思い込んで長期間続けたことを修正するのは簡単ではありません。

また、複雑な局面において、たまたま正解を選んだから勝ったものの、いくつかの選択肢に迷った場合などもあるでしょう。迷うということは、その局面を理解できていないということです。再び似た局面が現われた場合、理解できていなければまた迷い、そのときの気分や状況次第で、今度は正解を選べないかもしれません。

私は、勝った試合にも悪い勝ち方があって、負けた試合にもいい負け方があると思っています。

負けた試合にもかかわらず内容がよかったといえるのは、最後までミスらしいミスもなく、最善を尽くして敗れるような場合です。もちろん、プロプレーヤーである以上、結果がすべてではあるのですが、存分に実力を発揮しても、対戦相手がさらにその上をいってしまったら、潔く白旗を掲げるしかありません。当然、悔しさは感じますが、そういう試合は負けても胸を張れるものです。

勝っても反省する習慣をつける

「負けを引きずる」ことは悪いことではない

これまで国内外の大会を合わせると、私はさまざまな種目を含め50回以上は優勝しています。正直なところ印象に残っている優勝は数えるほどしかありません。優勝の翌日には、勝った喜びを忘れていることさえあります。

ところが不思議なもので、負け試合ほどいつまでも鮮明に覚えているのです。

そうしていつまでも敗戦を引きずってしまうのは、精神衛生上、あまりよくないことなのかもしれませんが、私自身はそのことがむしろ自分の成長につながっているような気がしています。同じ失敗を繰り返さなくなるからです。

たとえば、仕事で何かミスをしたとしましょう。その影響が大きければ大きいほど気持ちも落ち込んでしまうので、いつまでも引きずっていてはいけないと、気晴らしをして忘れてしまおうとする人もいるはずです。しかし、本当にただ忘れてしまっていいのでしょうか。

たしかに、自分の力ではどうしようもないことをいつまでも気に病んだり、自分は何をやってもダメなのだと人格さえ否定してしまったりするようなら、それは過剰反応なので忘れたほうがいいでしょう。しかし、なぜ自分はあんなミスを犯してしまったのか、あのときどうすべきだったのか、と失敗を検証するのは、非常に大切なことです。**失敗の構造や背景をしっかりと分析することで、自分の改善点が浮かび上がり、次に活かすことができる**からです。

おそらく、どのような分野でも実績を残す人は失敗に学んでいるはずです。失敗を「なかったこと」にしようとして目をつぶるのは、せっかくの成長のチャンスを逃しているのと同じです。

もし負けを引きずっても、そこからなぜうまくいかなかったのか、その原因を追究し、改善することで同じ失敗を繰り返さなくなるのです。

強いプレーヤーほど敗戦から多くを学ぶ

「勝利の方程式」は作らない

２０１９年のノーベル化学賞を受賞された吉野彰さんのインタビューを見ていて、研究を成功させる条件を尋ねられた吉野さんが「執着心と柔らかさ」と答えていたのは印象的でした。

「執着心」とは、困難に直面しても簡単にはあきらめない粘り強さのことです。一方、「柔らかさ」は、それとは正反対といってもいい要素で、吉野さんはそれらがひとりの人格のなかで矛盾することなく両立するとおっしゃっているわけです。このことは研究者にかぎらず、多くの人にとって示唆に富むのではないでしょうか。

バックギャモンでは、トッププレーヤーほどプレースタイルに偏りがないというのは、自分のスタイルを作らないゆえです。そうすることで、どんな局面にも対応できるようになります。しかし、そういった技術を持ち合わせていないプレーヤーは、自分のスタイルを持って勝負をしていきます。

トッププレーヤーになるためには、スタイルを少しずつ増やす必要があるのです。自分のスタイルという武器が多ければ多いほど、局面、局面でさまざまな武器を出し入れすることができます。自分のスタイルというのは、一種の個性です。個性が確立すると考え方や言動に一本の筋が通って、その人の強みになる。しかし、**強みとは、常に弱点に転換するおそれを含んでいる**ものです。信念の人という表現は頑固者の美称であって、柔らかさとは主体性のなさという意味ともとれるのです。

このことは「執着心と柔らかさ」にも通底しています。まるで正反対に見える要素が両立するということは、どちらにも偏らず、ある場面では剛直で頑固な信念の人が、違う場面では気まぐれに見えるほどこだわりがないということだからです。つまり、自分のスタイルを決めつけていないのです。

スタイルを持たない人は、どうにもつかみどころがありません。でも、そのつかみどころのなさが強さなのです。どういう局面にも柔軟に対応できるから、特定の「勝ちパターン」を作らないというわけです。ＡＩの進歩などによって定跡が変わっても、変化を受け入れる力があれば、上手に対応できるでしょう。

実際、バックギャモンの定跡も少しずつ変わっていて、10年前の定跡のなかには、すでに定跡と認識されなくなっているものもあります。かつての正解に、ほころびが生じたわけです。そうした**変化に対応できるのは、ニュートラルで、融通無碍《ゆうづうむげ》で、特徴のない、いわば「水」のようなプレーヤーなのです。**

ニュートラルな状態に身を置く

#「運が悪い」は実力不足の逃げ口上

みなさんは、自分を運のいいほうだと思っていますか。それとも、ツイていないことのほうが多いと感じているでしょうか。

私は、今回、この本の企画をいただいたとき、あらためて自分のあゆみを振り返ってみて気づいたことがあります。くじ引きなど、完全に運の要素しかないものについては運がいい悪いを考えたことはありますが、運以外の要素が絡むものについては運だけに着目したことがないため、運がいい悪いで片づけたことがありませんでした。

たとえば水泳で考えた場合、自分が何コースを泳ぐかで波の影響などが変わり、タイムも変わってきます。屋外なら、その日の水温や天気も変わってくるので、これらの影響は運でしょう。また、入試などの試験の場合でも、それまでにいくら試験対策の勉強を重ねてきたとしても、当日どの問題が出るかは運です。

しかし、その条件下で結果を出すのは自分の実力なので、運がいい悪いで片づけることはできません。バックギャモンの出目と駒の動かし方との関係と同じです。運の要素をある程度認めながらも、**努力を一方的に放棄して、すべてを運のせいにしてしまうというのは問題**だと私は感じます。

冒頭でも少しふれましたが、バックギャモンは圧倒的に男性優位の世界です。この場合の優位というのは競技人口のことで、そもそも女性の競技人口が極端に少ないため、男性と伍して戦える女性プレーヤーが稀なのは当然です。

私がまだタイトルを獲得していなかったころ、試合に負けた対戦相手の男性の一部が、同じような言葉を口にしました。「女性に花を持たせたよ」とか、「女性には運で勝てない」など、私が女性であることを強調し、敗因については運のみについてコメントするのです。そのような発言をしていた人たちの多くは、未だに当時の実力のまま成長がみられません。

いずれにせよ、それらの男性たちは自分の実力が女性である私に劣っていたとは考えなかったのでしょう。そして、運という概念を持ち出してきて、男が女に実力で負けるはずがないという「あるべき世界」と「現実の世界」を調和させようとしたのでしょう。その人の精神衛生上、そのような思考行動は自己を守るために決して意味のない努力だとは思わないので、否定しませんが、バックギャモンに強くなりたいなら、現実を直視したほうがよさそうです。

運というのは、その実体がつかみづらいがゆえに、大変便利な概念です。それだけに、あまり深く考えずに軽々しく扱ってしまうと、自分で意識しているかどうかは別として、実力不足から目をそらすための言い訳にもなりかねません。

思うような結果が出なかったときほど、それを運のせいだと思いたがる自分を警戒してください。

安易に運の概念を使わない

バックギャモンは男性社会のため、観客も男性が多い

ギャンブルは本当に勝てるのか

ちょっと話が横道にそれますが、運や勝負を考えるうえで、避けては通れないテーマとしてここで「ギャンブル」について考えてみたいと思います。

そもそもギャンブルとはどういうものを指すのか、その認識には意外と個人差があるような気もしますが、競馬や競輪といった公営ギャンブルにパチンコ、スロットを加えたもの、というのが日本では一般的といえるでしょうか。

もっとも、法律で禁じられている「博打」も合わせると、トランプやサイコロはギャンブルときわめて親和性の高い小道具です。バックギャモンについてあまり詳しくない人は、バックギャモンもサイコロを使うので、ギャンブルのイメージを持って、世界チャンピオンならそういう方面にも精通しているのではないか、と考える人もいるかもしれませんが、正直なところ、あまり詳しくありません。

しかしながら、かつてギャンブルのいくつかのしくみや勝ち方について考えたことはあります。あくまで私の個人的な見解とお断りしたうえで、少しご紹介しましょう。

まず、パチンコについて。調べたきっかけは、アメリカから来日することになった友人が「パチンコをやってみたい」といったからでした。未知の世界に遠来の友人を案内するわけにはいかず、どうすれば勝てるのかをいろいろ調べました。端的にいうと、「よい台を長時間打ち続けることができれば、勝てる見込みはある」というのが私の結論でした。そのためには、開店前から行列に並んで、よい台を確保し、閉店まで打ち続けなくてはなりません。

結局のところ、パチンコの勝敗を決定づけているのは3つの要素に大別されます。ひとつは、穴に玉が入ったときの「当たり」が出る確率の設定。それは、台の種類や店舗によって異なります。二つ目は、パチンコ台のクセです。台の傾斜やクギの開き具合といった微妙なクセを把握して、狙うべき穴に玉が入りやすい台を見つけなければいけません。そして三つ目は、プレー時間です。
どんなに「高確率」と書かれた、いい設定の台でも、クギの開きが悪くてそもそも穴に玉が入らなければ意味がありません。そして、当たりが出るまで充分な時間も必要です。5分、10分の遊戯時間だけでは確率通りの当たりを手にするのは困難だからです。つまり、パチンコで勝つためには、幸運に恵まれる以外には、これらの3つの要素のすべてが揃わないといけないのです。

このような理由から、朝から条件のよい台を確保して、時間を気にせず根気よく続けることができれば、利益を手にすることは可能だというのが私の見解です。しかし、私にはその熱意も時間もなかったので、実践しようとは考えませんでした。もしそれくらい何でもないと思えるなら、勝ち方を研究してみてもいいのかもしれません。

次は、競馬です。
知り合いの競馬新聞の記者に案内していただき、競馬場に行ったことがあります。

そこで感じたのは、ギャンブルとしてやっても生涯プラスになるということは不可能に思える、ということでした。

競馬新聞などで得られる情報とパドック（本番直前に出走馬が周回する下見所）で出走馬のコンディションさえ正確に見極めることができれば、予想の精度を上げることはできるかもしれません。ただし、そのためには、ある程度、継続的にその馬の状態を追っていなければならないはずです。しかし、予想の精度が上がっても、そもそも払い戻し金の還元率が低いので、娯楽として楽しむぶんにはいいと思いますが、お金を増やすという目的ならば、基本的には勝てないゲームだと感じています。

もうひとつ、カジノについてもお話ししておきます。

２０１６年の暮れ、国会でいわゆる「カジノ法案」が成立してから新聞やテレビなどでも報道されるようになりました。もちろん、まだ日本に合法的なカジノは存在しないので、それがどういうものかをご存じない方も少なくないと思います。

私はバックギャモンの大会を通して、これまでさまざまな国を訪れました。大会の会場がカジノに併設されている場所も少なくなく、プライベートの旅行も含めると、世界約15か国のカジノに足を運びました。その経験からお話をすると、身もふたもないのですが、ルーレットやスロットマシーンは、基本的にカジノ側が得をする、言い換えるとプレーヤー側が損をするように設計されています。

ただし唯一、「対人ポーカー」はカジノで勝てるゲームだと思っています。これは、「カジノ対自分」という対戦形式ではなくて、「カジノに来ているお客さん対自分」という形です。したがって、自分が相手より強ければ勝てるのです。当然、この「対人ポーカー」にも手数料がかかり、カジノ側に持っていかれますが、それはわずかなものです。つまり、対戦相手と自分との実力差があれば勝てるため、勝ったお金で生計を立てるポーカープロがたくさん存在しているのもこの理由です。そういう意味で、カジノは研究に時間と手間をかけるべきギャンブルといえそうです。

ちなみに、なぜ私がギャンブルに興味はあっても実際にやらないのかというと、その大部分が少しかじったくらいの素人には勝てないことがわかっているからです。あらかじめ損をする割合がきわめて高いとわかっているから、お金を増やすという目的ではやらないのです。

しかし、そういうしくみが理解できていないと、ギャンブルは運次第で勝てるように思えてしまうのでしょう。

ギャンブルで勝率を上げるために必要な努力は、幸運を強く願うことではありません。本当に必要なのは、しくみを把握して理解することです。

運頼みのギャンブルは絶対に勝てない

私が宝くじを買う理由

ギャンブルについて、もう少し補足しておきます。

比較的、よく知られていることですが、どんなギャンブルにも必ず「テラ銭」が発生します。テラ銭とは主催者（胴元）が受け取る手数料のことで、これはそれぞれのギャンブルによって設定された割合が異なっていて、主催者の取り分が多ければ多いほど、そのゲームに参加したプレーヤーが勝つ見込みは小さいと考えられます。賭け金に対して主催者が受け取る割合を「控除率」、プレーヤーに支払われる割合を「還元率」「払戻率」といったりしますが、控除率とは要はテラ銭の割合ということです。

実際の控除率がどれくらいなのかは、主催者が公表している場合もあれば、そうでない場合もあり、それらを独自に調査した結果を書籍などを通じて発表している研究者もいます。ネットで簡単に調べることができるので、気になる方はそうしたサイトをのぞいてみてはいかがでしょうか。実際にその割合の高さがわかると、ギャンブルに対する考え方が変わるかもしれません。

控除率が最も高いギャンブル的なもののひとつに「宝くじ」があります。宝くじをギャンブルの一種ととらえるかどうかはともかく、その控除率は50パーセントを超えるといわれているため、ギャンブルに関心の高い人ほど、じつは宝くじを敬遠しているという見方もあります。私はむしろ宝くじには関心があって、これまでにも何回か買った経験があります。

「勝つ見込みが低いからギャンブルはしない」といったことと矛盾するのではないか、と指摘されるかもしれませんが、私は宝くじを他のギャンブルと同じようにはとらえていません。

たしかに、1等に当選する確率はほとんどゼロに近いのかもしれませんが、パチンコや競馬といった他のギャンブルに比べて、自分の努力が勝率に影響を与えないため、自分の実力不足で損をすることも、研究に時間を費やすことも必要ないからです。しかも、数百円から買えるので、経済的なリスクが少なく、当選すると一生働いても手に入らないだけの金額を与えられるからです。

もちろん、10万円や20万円など自分にとって失ったら痛いほどのお金は使わず、あくまで少額のワクワクを買うという楽しめる範囲にしています。実際に、アメリカにいたとき、いわゆるキャリーオーバー制度によって当選金が100億円くらいになった宝くじを、友人たち7、8人でお金を出し合って、10万円分ほど買ったこともありました（少額当選のくじが何枚かあって、このときは小さな損ですみました）。

金額が大きければ大きいほど、それは自分にとってのリスクとなります。したがって、リスクに見合ったリターンが期待できないのなら手を引くべきですが、リスクが小さいのなら、一種の娯楽として楽しんでもいいのではないでしょうか。それこそ、まさに「運試し」です。

宝くじは「運試し」

第 3 章

「運」を加速させる

験担ぎをするときのコツ

メジャーリーガーとしても大成功したイチロー選手が、毎朝カレーを必ず食べていたというのは、よく知られたエピソードです。彼は、他にもスケジュールや道具類に関してもかなり細かいこだわりを持っていたそうですが、そうしたルーティンを自分に課しているアスリートは少なくないようです。

おそらく、ルーティンにはさまざまな意味があって、毎日、同じ行動をすることで本業以外のことに頭を使わずにすみ、体調をはじめ小さな変化にも気づきやすくなるといった効果があるのでしょう。

なかには、一種の「験担ぎ」の意味でルーティンを続けている人もいるかもしれません。「験担ぎ」とは、運を逃したくないという願望が託された日常的な行動のことといえるでしょうか。大事な勝負の前にカツ丼を食べたり、新品の下着を身につけたりといった話を聞いたことがありますが、たいていは、たまたまいいことが起こったときの行動を踏襲したもので、科学的な根拠は何もありません。まあ根拠がないから、験担ぎなのでしょう。

験担ぎの意味も込めてするルーティンは、一種の精神安定剤といえます。それで集中力が維持できたり、緊張がほぐれたりするのなら、基本的にはどんなことをしても結構かとは思いますが、あえてアドバイスをするなら、それができなかったときでもマイナス思考にならずにすむように工夫するといいと思います。

たとえば、雑誌の占いに今日のラッキーカラーは「ピンク」と書いてあったとして、その日ピンクの何かを見かけなかったとしても「今日はダメだ」とは思わないでしょう。しかし、いつも同じ道を歩けば悪いことが起きない、というような「○○をしなければならないもの」や、「カツ丼を食べると勝てる」といったように、「○○をすればプラスの結果に結びつく」という設定は、もしそれをしようとしたのにできなかった場合、「今日はダメだ」と落ち込むリスクがあるので、避けたほうがよさそうです。

コンビニでふだん買わないような新商品のスイーツを買った日にいいことがあったので、それ以来、ここぞというときにはそのスイーツを買っているとしましょう。でも、大事な日にそのスイーツを買おうとしたら、じつは売れ行きが悪く、違う新商品に替わっていた、といった事態もありえます。

このように、**マイナスになるような事態を招く験担ぎは、その結果に影響を受けやすいネガティブ思考の人は、なるべくはじめからしないほうがいいのです。**

しかし、「験担ぎ自体が悪い」ということではありません。占いでも験担ぎでも、それでその人のモチベーションが上がるのであれば、それは利用したほうがいいと思います。ただ、その利用の仕方として、マイナスになるような方法は避けたほうが無難ということです。

私の場合、悪い占いは信じません。いいことが書かれていたときだけ信じる、というような感じで使い分けています。要は、気持ちの問題なので、占いや験担ぎを信じることで安心できたり、モチベーションが上がったり、プラスの効果が得られるなら、そのときは利用するというスタンスです。

ちなみに、ふだん私はルーティンを決めていなければ、意識的に験担ぎもしていないのですが、唯一、世界選手権大会や主要な大会の決勝に臨むときには、いつも同じ紫色のスカーフを身につけていました。それは好きなものを身につけているという安心感を得られるからなのですが、それも一種の験担ぎといえるのかもしれません。

マイナス思考になる験担ぎはしない

思考のノイズを取り除く

バックギャモンをはじめたころは、棋譜や定跡の研究に多くの時間を費やしていて、勉強といえばパソコンに向かうことでした。やがて、ある程度のレベルに達してからは研究の幅が広がってきて、知らない街を旅したり、異なる世界の方と話をしたりすることのなかにも、バックギャモンの新しい戦略のヒントになるものがあると気づきました。そうして**外界から良質な刺激を受けると、バックギャモンだけに向き合っていては得られなかった視点や考え方を発見したり、構想力や大局観といったスケール感を必要とする能力が養われたりするからです。**

ただし、世界チャンピオンになってからも、棋譜の見直しには多くの時間を費やしています。１時間程度の試合なら３時間くらいかけて見直しを行ないます。ミスが多い試合では３時間では終わらないこともあり、場合によっては数日間かけても納得できないこともあったりします。そういうときは、いったん棋譜から離れて、頭をクールダウンさせることもあります。

そうして研究するポイントは、**ミスの傾向を発見することと、局面の理解を深めることにある**といっていいでしょう。

棋譜を見るときは、自分はどうして間違えたか、どういう方針でプレーしていたか、という視点で棋譜を見直します。解析ソフトを使えば、その局面における正解はすぐに導き出されるので、最善手と自分の手を比較しながら、間違えた原因を追究するわけです。そうして局面に対する理解不足を補いつつ、コンピュータが導き出した正解がなぜ正解なのかを理解しようというのが、私が行なっている棋譜研究の概要です。

そのような作業を通じてつくづく感じるのは、**いったん思い込んでしまった理解を修正することの難しさ**です。

プレーヤーはみな経験を糧に成長するわけですが、自分が経験則としてきたもののなかには、どうしても小さな思い込みや間違った認識が混じってしまいます。棋譜の研究には、そうした夾雑物《きょうざつぶつ》を濾過《ろか》する効果もあるのです。

しかし、いったん思い込んでしまったことを修正するのは、簡単ではありません。経験を積んで成長すればするほど、そこに至るまでの思考は肯定されているからです。全体としては正しいと信じてきた思考のうち、バグの原因となるほんの一部についてだけ情報を上書きしなければならないのですから、豊富な経験則に支えられているプレーヤーほど、骨の折れる作業かもしれません。

でも、そうした作業をコツコツと着実に行なうことによって、プレーヤーとしての死角は確実に減ります。だからこそ、棋譜の研究や見直しは強くなるうえで不可欠な作業だと思っています。

思い込みをあらためるのは難しい

ネガティブ思考は自分を守ってくれる

ポジティブ思考とかプラス思考が全面的に肯定されるようになったのは、いつごろからなのでしょうか。おそらく、こうしたフレーズが定着したのはそんなに古い話ではないと思うのですが、一般的に年齢や立場を問わず、ポジティブ思考は「善」でネガティブ思考は「悪」ととらえられているように感じます。

でも、私たち人間の思考が単純な二元論で割り切れるはずがありません。また、危機管理に通じる意味合いでも、ネガティブ思考は決して否定されるものではない、というのが私の考えです。

バックギャモンの試合では、サイコロの出目次第で展開が変わるため、最善を尽くしても結果がともなわないことがよくあります。それどころか、自分では最善手を選択したはずなのに、最悪の展開になってしまうことさえあります。

したがって、**私の場合、先々の展開を読むときには、必ず自分に有利な展開（a）、有利でも不利でもない展開（b）、不利な展開（c）という3つのパターンを想定して、それぞれの場合の対応策を考えるようにしています。**

このとき大切なのは、現実的に起こる確率の高い平均的な展開がbだったとしても、最も有利な展開（aの最大値）と最も不利な展開（cの最小値）を「こういう感じかな」という程度に想定しておくことです。最悪の事態と最善の事態をイメージしておけば、たとえ実際にそういう展開になったとしても、あわてずに対応策を打つことができるからです。

なかには、自分がネガティブ思考で悩んでいる人も少なくないと思います。ネガティブ思考の原因は、自分が経験したことのないことへの不安であったり、逆に、悪い経験によるトラウマだったりするものです。しかし、ネガティブ思考を持ち合わせていることは、一概にマイナスの側面だけではありません。**ネガティブに考えられるということは、最悪の事態を想定する力があり、そのため思慮深く行動できる**からです。

逆に、ポジティブ思考の人は、最善のことをイメージできるので、行動力に優れますが、その分、失敗も増えるでしょう。つまり、どちらの思考も長所と短所を持ち合わせているわけですから、両方の思考を使い分けられるようになると万能です。もし、自分のネガティブ思考が嫌いだと悩んでいる人がいたら、「自分はすでに大事な２つのうちのひとつであるネガティブを持っている」と考えるようにできると、少し自分が好きになれるかもしれません。

ポジティブと同時に、ネガティブも大切

現実の日常生活でも、私はものごとをポジティブにとらえるだけではすませず、必ずネガティブにもとらえるようにしています。ポジティブに考えたら、それを裏返してネガティブにもとらえてみるというクセをつけてみてはいかがでしょうか。

緊張を味方にする視点

囲碁や将棋といったボードゲームの世界では、かつては「盤外戦」と呼ばれる心理的な駆け引きがよく行なわれていたようです。

たとえば、対局中に相手の集中力をかき乱すような行動をしたり、試合前に相手を挑発するような発言をしたりして、冷静な判断力を奪おうとするのが、その典型でしょう。プロ野球で、老練なキャッチャーが打席に入った選手の心をかき乱す「ささやき戦術」も、立派な盤外戦といえます。

現在は対局や試合そのものに勝つ技術が磨かれ、ひと昔前に見られたようなあからさまな盤外戦は廃れたものの、それに類する心理的な駆け引きは、何かしら行なわれているかもしれません。

私の場合でいえば、相手を陥れるのではなく、試合に臨むときにはふだん以上に自らの姿勢に気をつけています。胸を張って、目線を下げず、自分をなるべく大きく見せる。対戦相手はたいてい私より体格のいい男性ですが、堂々と胸を張り、その場の雰囲気を自分のものにしてしまうのです。

もちろん、そうすることが試合内容にどれだけプラスの影響を与えるかはわかりませんが、相手が極度に緊張していて、私の堂々とした態度が相手にさらなる追い討ちを与え、ふだんしないようなミスを誘ったとするなら、これも一種の盤外戦といえるのかもしれません。

多くの人は、精神的な緊張を強いられると平常心を失って、ふだんならあり得ないミスをしたり、実力を発揮できなかったりします。どんな大舞台に立っても緊張しない強心臓がほしい、と考える人は少なくないと思います。

じつは、私はあまり緊張を感じない性質のようで、バックギャモンの世界選手権で決勝に出場した際にも、あまり緊張することがありませんでした。

先述したように、私は中学1年生の元日に「毎年10回、新しいことをする」という目標を立ててから今も続けているのですが、この目標を通してこれまでさまざまなことに挑戦しました。もともとは自分の視野を広げるためにはじめたことですが、今では心臓がドキドキするような新しい経験を求めて続けている部分があります。

なかなか期待するような経験には出会えないのですが、高度2000メートルからのスカイダイビングをしたときにはとても満足しました。このときも緊張や不安はなく、わくわくとドキドキのなかで美しい空を生身の体で飛んでいく爽快感を味わいました。

なぜ私がスカイダイビングで緊張しなかったのかというと、スカイダイビングに対して「空を飛べる非日常を体験できる」というポジティブなイメージを持っていたからだと思います。もちろん、スカイダイビングをしようと決める段階では、危険性や安全面に不安も感じていました。友人に元イギリス軍人で下半身不随のバックギャモンプレーヤーがいるのですが、彼はスカイダイビングでの訓練中にパラシュートが開かず落下して下半身不随になったことを知っていたからです。

このように、スカイダイビングには死に直結するリスクはありますが、よく調べると自動車での死亡事故よりも確率が低いことがわかりました。そうなると、「空を飛んでみたい」という気持ちが上回ったのです。

もし、スカイダイビングの死亡事故の確率がそれなりに高かったら、そもそも挑戦しなかったと思います。それでもやらないといけないとしたら、不安で緊張していたことでしょう。

このように、同じことをするにしても、とらえ方ひとつで心臓のドキドキは緊張にもわくわくにも変わるのです。

はじめての経験は、わからないことが多くて緊張するものですが、緊張を和らげるには、事前の知識を正しく得るなどして、不安を取り除くといいでしょう。

しかしながら、このような緊張は、経験を積むと消えてしまい、わくわくも薄れていくものです。そのため、**新しい経験に触れて緊張することは、最初のころにしか味**

わえない貴重で素晴らしい体験なので、後ろ向きに考えず、むしろその緊張を楽しむくらいの気持ちでいるといいと思います。

はじめての経験は、事前に正しい知識を得て不安を減らす

試合ではしっかり胸を張り、目線を下げず、自分をなるべく大きく見せる

自信のなさが成長の糧になる

バックギャモンの世界で最も権威あるランキングのひとつに、「バックギャモンジャイアンツ」があります。これは、テニスやゴルフのように世界選手権大会などの成績をポイント化して決まる序列ではなく、プレーヤーの投票によって決められます。バックギャモンというゲームについて、世界で最もよく理解している人たちが「強い」と感じているプレーヤーを投票で選ぶわけです。

その上位32名を「バックギャモンジャイアンツ」と呼ぶのですが、２０１３年に私がはじめて選出されるまで「ジャイアンツ」に選ばれた女性プレーヤーは世界に誰もいませんでした。

これは私が世界選手権大会に優勝する前年のことですが、今振り返ってみても、バックギャモンのプレーヤーとして、このときほどうれしかったことはなかったかもしれません。かつては女性であることから、選手として認識されなかったこともある自分が、男性社会で戦ってきた足跡が認められ、ようやく他の男性プレーヤーのように実力で評価されるようになったのかと思うと、感慨深く感じたものでした。

このように、「バックギャモンジャイアンツ」に選出されて、大きな自信を手に入れたものの、自分自身では「私は強い」と常に自信を持っているわけではありません。たとえば、実戦で対戦相手と試合をするときは、その場の雰囲気を味方につける意味でも堂々と胸を張り、自分は強いと暗示をかけて、自分の強さを疑いません。しかし実戦を離れ、棋譜の見直しや研究を進めるときは、自分の「弱い部分」にフォーカスし、そこを改善していきます。「自分のどこが弱いのか」ということを追究し、常に自分の弱い部分を探していきます。

練習するときの「弱い自分」と、試合に臨む際の「強気な自分」――。ときと場合によって自分を使い分けてコントロールしているのです。

実戦では、弱気な自分は足を引っ張るため、強気で臨みますが、練習においては、「私は強い」と思っていたら、そもそも練習などしないので、強気な自分は必要ないのです。「弱い自分」がいるからこそ、それを克服して、さらに強くなりたいと努力します。

常に勝敗を意識せざるを得ない世界に生きている人にとって、最も恐ろしいのは勝てなくなることです。強さは正しさであり、楽しさであり、ときに美しさでもあります。ところが、**強さほど脆いものもありません。**昨日まで連戦連勝だったとしても、明日また勝てるとはかぎらないのです。

そこで、どんなに強い人も「自分は強い」と満足せず、さらに強くなろうと努力します。「自分は強い」と思ってしまった時点で、強くなろうというモチベーションを失ってしまうことに気づいているからです。強くなりたいという向上心が失われてしまったら、それ以上、強くなることはありません。

もし、自信がないと感じたら、それは向上心の表われだと考えていいのではないでしょうか。**自分はダメな人間だと感じることがあったら、それはきっと成長の前触れ**

です。そういうときほど能力が高まると考えて、新たなことに挑戦してみてはいかがでしょうか。

「ダメな自分」が見つかるときは成長の前触れ

ゼロと1には天地ほどの差がある

過去にまったく例がない「ゼロ」の状態と、ひとつでも先例がある状態では天と地ほどの差があると私は思っています。それは、無と有の差と表現してもいいでしょう。

ゼロの状態とは、この世に何も存在しないといえます。何もないのですから、いくら「ある」と主張しても、信じてもらうことは難しいでしょう。1が誕生したら、存在自体を証明することになります。存在さえ証明されれば、あとはそれを2、3……と増やしていけばいいのです。

バックギャモンやその他の頭脳スポーツで、男女の実力差について考えるときにも当てはまりそうです。

無と有の差は、「知らない」と「知っている」の差とも重なります。

たとえば、抗ガン剤の治療はさまざまな副作用があって苦しいものなのですが、とくに私が苦しんだのは1回目の治療時でした。全身の痛みも吐き気もはじめて経験するものばかりで、しかもそれがいつまで続くのか見当もつきません。その終わらない痛みに絶望を覚え、いっそ死んでしまったほうが楽なのではないかとさえ思ったほどです。

しかし、2回目の抗ガン剤の治療は、1回目と同じ痛みの量にもかかわらず、1回目に感じた絶望感はありませんでした。それがどの程度の痛みで、いつまで我慢すれば治まるのか、先々の見通しが立ったからです。たとえ1回でも「知っている」ことは、何も「知らない」状態と雲泥の差があることを実感しました。

どんな世界でも、ゼロを1にするのは簡単なことではありません。もしかしたら、

1を100にするより難しいかもしれません。でも、困難なだけに意義も大きく、1を2にするといった努力よりも尊いものだと思います。

「ゼロを1」にするほうが困難「1を2」より

「疑う」ことが本当の学びになる

かつて、パナソニック創業者の松下幸之助さんが「素直」という性質を大切にしていたことは、よく知られています。経営者としての長い経験から導かれた一面の真理に違いありません。

よく考えてみると「素直」という言葉にはさまざまな受け取り方がありますが、松下さんの意味するところは、決して「従順」ではなかったと私は思っています。むしろ「誠実」や「純粋」といったニュアンスに近かったのではないでしょうか。

私は、他人の言葉を鵜呑みにして盲目的に従ってしまうような従順さだけでは、どんなことを学ぶうえでも、決して十分ではないと思っています。

バックギャモンの研究は、基本的には独学でした。経験豊富なプレーヤーの方々から「その手は違うよ」「こうしたほうがいいよ」とアドバイスされることもありましたが、そういう場合はあとで必ず自分でその答えを検証して、正しいか確認してから理解を深めました。

何も疑わずに従うことは楽ですが、もしそれが間違っていたとき、間違いが積み重なって後に取り返しのつかないことになります。

もちろん、アドバイスは貴重な意見ですから、アドバイスをくださった方にはその場で感謝の言葉を伝えますが、それを採用するかどうかは別の話です。疑り深いと思われるかもしれませんが、じつはもともと自分が過剰なくらいに従順な性格だったため、その経験から得た私なりの知見です。

幼いころは教師や両親の言葉を愚直に守り続ける「素直」な子どもだったように思います。ところが、成長するにしたがって、その言葉が必ずしも正しいわけではないことに気づきはじめました。

些細なことですが、学生時代にアルバイトをしていたファミリーレストランで、A

先輩の教えを忠実に実践していると、B先輩からひどく怒られたことがありました。A先輩の教えは、じつは間違っていて、B先輩のやり方が正しかったのです。

そうしたことの積み重ねが、従順な性質に危険を知らせてくれたのかもしれません。やがて、バックギャモンの世界で頂点に立つことができたのは、人のアドバイスに耳を傾ける素直さに、自分の目で確かめるという勤勉さが加わったからでしょう。そのことは、シビアな勝負の世界を生き抜くうえで心強い道しるべとなったような気がします。

人の意見は聞きつつも、最後は自分の目で確かめる

遠回りが近道になることもある

「ポアンカレ予想」という数学の問題をご存じでしょうか。

これは、トポロジー（位相幾何学）と呼ばれる数学分野の定理のひとつで、ポアンカレというフランスの数学者が１９０４年に提出して以来、およそ１００年にわたって多くの数学者が証明にチャレンジしたものの、解決されませんでした。

ところが、２００２年にロシアのペレルマンという数学者が証明に成功したとして話題になったのですが、私が興味深く感じたのは、ペレルマンが微分幾何学や物理学の知識を応用して、この難問を証明したことでした。トポロジーの問題を解決したのは、トポロジーによるアプローチではなかったのです。

このことは、私たちにも大きな示唆を与えてくれます。それは、**ものごとを多方向から見ることの大切さ**です。

あるとき、何気なくテレビを見ていたら「チキンラーメン」の発明者をモデルに主人公としたドラマが放送されていました。ラーメンを常温で長期保存する製法に悩んでいた主人公が、夕食に天ぷらを調理する夫人の姿に「これだ！」とヒントを得た瞬間が描かれていました。天ぷらのように麺を高温の油で揚げると、麺のなかの水分が蒸発するため、常温で長期保存することができるのだそうです。これも、単にラーメンを研究するだけでは思いつかない発想でしょう。

世のなかには、一見、直接的には関係のなさそうなことが意外なところでつながっていて、有力なヒントを与えてくれることが少なくありません。周囲の人には個人的な趣味としか思えないことが、のちにビジネスで思わぬ役に立った、といった経験を持つ人もいると思います。業界に画期的なアイデアを持ち込んで、革命的な変化を起こすのが、たいていその世界の専門家ではなく、異端者や素人なのも、よく似た構造なのかもしれません。

私も、バックギャモンをはじめたころにはパソコンや盤に向かって研究をしてきましたが、あるレベルに達すると限界を感じました。そんなとき、海に潜ったり、街を歩いたりしていたら、バックギャモンとは直接関係ないことのなかにも、考え方や発想のヒントになることがあったのです。

バックギャモンを研究するなら、パソコンに向かうのが最も近道ですが、日常生活のなかにも、じつは大きな進化のヒントが隠されているかもしれません。

世のなかのことは、すべてどこかでつながっている——。

そのことに気づいたとき、新しい世界が見えてくるのです。

直接関係ないことがインスピレーションを与える

おもしろさを見つければ集中力は高まる

自分ではあまり自覚がないのですが、周囲の人からは、よく何かに集中しているときの没入ぶりを指摘されます。要は、パソコンに向かったり、本を読んだりしているときの私には、どこか話しかけづらい雰囲気がある、といいたいのだと思います。それが集中力の高まった状態を意味するとしたら、集中力を高めるコツは自分の好きなことをすることだといえそうです。

これは誰にでもある経験だと思いますが、何かに夢中になってしまうと他のものが目に入らなくなるくらい没頭することがあると思います。たとえば、好きなテレビゲームを手に入れたりすると、寝るのも忘れて夢中になり、気がつけば朝になっていた、というような経験です。

私もバックギャモンをはじめたころは、そのおもしろさと奥深さに魅了されていって、寝ている時間以外は常に頭のなかでバックギャモンのことを考えている時期がありました。おそらく、そこまで**「おもしろい」と感じなかったら、今のような強さを身につけることはなかったでしょう。**何時間やっても飽きない、食事をしなくても眠らなくてもいい、と思えるほど好きになれば、自然と集中しているものです。

とはいえ、もともと好きなことなら無意識に集中できますが、それほど好きでもないことだとどうでしょうか？　たとえば苦手な仕事で集中力を高めるのは難しそうです。しかし、考え方や工夫次第で集中力を少し高めることはできます。

私は以前、サッカーにあまり関心がなかったのですが、あるとき思い立ってひとつのチームのファンになったつもりで観戦することにしました。すると、自然に選手の名前を覚えて、それまでの成績なども調べていくと、だんだんその気になってきて、サッカーの試合が急におもしろく感じられてきたのです。

サッカーのように仕事を好きになるのは簡単なことではありませんが、仕事のなかのどれか一部でもいいので、自分が得意な部分を見つけてみてください。得意だと思ってやると、少なくともその仕事をしている時間は自信が持てて集中力が高まるでしょう。

得意だと思って取り組むと、自信が持てて集中力が高まる

「欲」こそがモチベーションである

バックギャモンのプレーヤーも、大事な試合を終えると体重が1～2キロくらい減っていることがあります。それだけ脳がカロリーを消費するからなのですが、それほどに集中力を高めるプロプレーヤーでも、試合中、何かの拍子に気が緩んでしまうことがあります。そういう場合、**たいていの原因は邪念です。**

いつも余計なことを考える余地がないほど、盤面に集中できればいいのですが、そう簡単にいかないのが人間です。邪念の原因は、「お腹が空いた」というような食欲だったり、「疲れて眠くなってきた」という睡眠欲だったりさまざまですが、「何かをしたい」という欲がマイナスに働くからです。

だからといって、すべての欲が悪いのではなく、プラスに働く場合もあります。私の場合、試合で劣勢なときに、ふと応援してくださる方を喜ばせたいとか、勝ってカッコイイ姿を見せたいという考えが頭に浮かぶことがあります。このような欲は、勝つためのモチベーションにつながります。そして再び、試合への集中力を呼び戻してくれるのです。

そうした意味で、私は欲こそが原動力になると考えています。もちろん、ふだんの社会生活においてはそれを上手にコントロールする必要がありますが、**心のうちに秘めた野心のようなものは、決して忘れるべきではない**と思います。強くなりたいとか豊かになりたいという欲があるから、私たちは努力しようと思えるのであって、そうした欲がなければ現状維持で変化のない生活を続けるでしょう。

秘めた野心を忘れてはいけない

答えはいつも相手のなかにある

以前、何十年も連続してトップだったという生命保険営業の方が、優秀な成績の秘訣を「想像をふくらませること」と話していました。

たとえば、初対面のお客様から自宅の住所を教えてもらったら、そこがどういうエリアなのかを調べて、家族構成やマンションの規模、住まいの間取り、平日と休日の過ごし方などを想像してみるのだそうです。そうすると、そのお客様が感じているちょっとした不安や悩みがなんとなくわかってきて、お客様の事情に合った商品を提案することができる、というわけです。

バックギャモンでは、対戦相手を攻略するうえで欠かせないのが棋譜の研究です。トッププレーヤーになるほど戦い方にミスがなくなってきて、ある程度のレベルに達すると、最善手が何かという判断が一致して、プレーに特徴がなくなってきます。

しかし、そのわずかなミスを見逃さず勝利に結びつけるカギになる資料が、棋譜なのです。棋譜には、そのプレーヤーがどういう局面でどういう手を選んできたかが、はっきりと示されています。言い換えれば、棋譜にはそのプレーヤーの思考の軌跡が刻まれているのです。

したがって、棋譜を研究すれば、そのプレーヤーの思考の特徴が少なからず読み取れます。たとえば、困った局面では攻撃的な手を選んだり、有利を感じたら保守的な手を選んだりといった特徴がわかるのです。対戦相手がどういう手を選ぶのか、その傾向がある程度、想像できれば、その局面で自分が有利になるよう、あらかじめ手を打つことができるのです。

バックギャモンにかぎらず、ビジネスでも恋愛でも、**相手は生きた人間です。**ひとりひとり違う特徴があるので、「一般的にはこうだから」という主張だけでは相手を攻略することは難しいでしょう。

自分がどうしたいかが一番重要ですが、相手がいて相手とうまくやっていきたいとき、**「相手ならどう思うか」を想像して行動するほうが、成功への近道**といえるでしょう。

「相手ならどう思うか」を想像する

第 4 章

「運」を育む習慣

慣れたやり方を変えて新しい発見をする

個人差はあると思いますが、誰しも思春期になると、「自分とはいったい何者なのだろう」とか、「人生にはどんな意味があるのだろう」と、人間としての根源的な疑問に直面するのではないでしょうか。私がそういうことをいろいろ考えはじめたのは、中学生になるころだったように思います。

当然、経験も知識も情報もない子どもの考えではありますが、そのころに人間としての土台が形成されるのも事実です。

実際、私も今になって振り返ってみると、そのころのちょっとした気づきや心がけが、その後の人生を決定づけたと思えることがいくつかあり、なかにはバックギャモンのプレーヤーとしての成長に役立ったことがあります。**「やり方を変えるだけでも、得るものは大きい」**と気づいたことも、そのひとつでした。

たとえば、小学生のころ、私は大人に決められた通学路を愚直に守って、毎日、同じルートで自宅と学校を往復していたのですが、あるときほんの少し違う道を通らなければいけないことがあって、驚いたことがありました。自宅の近くに大きな犬を飼っているお宅があったことに、はじめて気づいたからです。１本違う道を通るだけで新しい世界が広がっていることに、大変なショックを受けたことを覚えています。

その後も似たような出来事があり、以後、私は２つのことを実践しようと考えるようになりました。ひとつは、**世界を広げること**。もうひとつが、**同じことをするにもやり方を変えてみること**です。それらを実現するためにはじめたのが、前にも少しお話ししたように、「毎年10回以上、新しいことにチャレンジする」というものです。

とにかく何でも経験してみれば、たとえ興味がないと思っていた分野のことも、自分が知らなかっただけで、実はおもしろいかもしれないからです。また、実際に経験することで見方や感じ方が変わって、新たな発見があるかもしれません。そういう目標を自分に課して、それを続けることにより、自分の世界が広がっていきます。

繰り返し同じことをしなければならないとき、私たちは何も考えなくなります。しかし、同じ生活のなかであっても、通勤ルートを少し変えてみるだけでも発見があるかもしれません。愛用している品物を他社の類似品に変えてみたり、お客様との連絡手段をメールから手紙に変えてみたり、とにかくやり方をほんの少し変えるだけでも、得るものはあるはずです。

やり方を変えるだけで得るものがある

「報われない努力」もあるが、努力しなければ報われない

囲碁や将棋では、人気棋士の揮毫《きごう》入りの扇子がファンに喜ばれているようですが、2018年に2回目の世界チャンピオンになったとき、何か記念になる品物をと思い、私も揮毫入りの扇子を作りました。

書いた文字は「不屈」です。

これは最後まであきらめない、ネバーギブアップというバックギャモンの精神を日本語に当てはめたものです。

最後まであきらめず、「努力すれば、いつか必ず報われる」という言葉には、誰も

が信じたくなるような美しい響きがあります。しかし、「努力が必ず報われるとはかぎらない」という現実は、現実として受け止めるべきだと思います。

ただし、忘れてならないのは「努力しなければ報われない」ということです。

このことは、ただただつらいことに耐えてがんばればいいわけではなく、努力の質が問われているということを意味しています。つまり、**結果として報われる確率を少しでも高めるような努力をすべき**なのです。

もちろん、そうして努力をしても確実に報われるという方法などないでしょう。しかし、正しい方向に向かって努力をすれば、報われる可能性が高まるのです。

間違った努力でなく、正しい努力を

２回目の世界チャンピオンを獲得し、揮毫入りの扇子を作成

モチベーションを維持するコツ

中学1年生の年始からはじめた「毎年10回以上、新しいことに挑戦する」という目標は、今も継続しています。新しいことをはじめるのは、とても根気がいるものですが、今までやってきたことを続ける場合でも、もしモチベーションを失ってしまったら、新しいことをはじめるよりも根気がいるかもしれません。

そこで、モチベーションを維持するコツについて考えてみようと思います。

モチベーションの維持といってもさまざまな状況がありますが、よくありそうな状況は2種類です。

ひとつは、もともと好きではじめたことや人が以前のように好きではなくなったり、情熱が失われたりしたときのモチベーションの維持です。

もうひとつは、そもそも好きでもないことに対してモチベーションを上げなければならないというものです。

ここでは、自分の経験から語れる、もともとモチベーションがあったものに対して情熱が失われてしまった場合、どうやって再びモチベーションを保つのかということについて私の考えをお伝えします。

モチベーションを失う理由はさまざまですが、ひとつのことに真剣に向き合って、うまくいかないことが長く続くと、好きだったはずなのに嫌いになってしまうことがあります。一度嫌いになってしまうと、もう以前のようには戻れません。自分の限界に達してしまうと、それまでのモチベーションは戻ってこないからです。そのため、限界に達する前に対処する必要があると私は思っています。

その対処法として、私は「しばらく違うことをやって距離を置く」ということをしています。距離を置いている間は、なるべくこれまでとは違う体験をしていきます。

その違うことをやっているうちに、「そういえば、またあれをやりたいな」というような気持ちになってきたタイミングで戻るのです。そうすることで、久しぶりにやると急におもしろく感じたり、以前はうまくいかなかったことが、距離を置いたことで、冷静に見つめることができるようになったりするのです。

私の場合、「世界チャンピオンになる」という大きな目標があり、それがモチベーションとなっていた時期がありました。ですが、それを実現したあとは、「世界チャンピオンになりたいから強くなりたい」というモチベーションがなくなってしまったのです。今では、「3回目の世界チャンピオンになる」という目標がモチベーションになっていますが、続けることの厳しさを感じないわけではありません。

そのようなときは、バックギャモンにこだわらず、新しいことにも挑戦しています。このような自分なりの対処法から思うのは、バックギャモンはもともと好きでやっていたことなので、やはりやりたくなるということです。新たに強いプレーヤーが出てきたという話を聞いたりすると、「そういう人たちに負けたくない」という気持ちが芽生えてきます。これが、新しいモチベーションになるのです。

行き詰まるようなときは、自分の限界に達する前に対処する。そして、その**問題から少し距離を置くことで、ものごとを客観的にとらえ、新しいことが見えてきて、状況が好転する**と感じています。

少し距離を置くことで、見えてくるものがある

いかなる人からも学べるものがある

何かのスキル向上に、他人と自分を比べて参考にすることは意味のあることです。しかし、**比較するときは総合的に見るべきではなく、分析的に見るべき**です。なぜなら、自分よりも総合的に劣っていたとしても、一部では優れている部分があるかもしれないので、そこから学べることがたくさんあるからです。

たとえば学校のテストの平均点で、友だちよりも自分の点数が高かったとします。でも個別の教科を見ると、理科は自分の点数のほうが低く、友だちのほうが高かったということはあります。つまり、平均点だけを見ると、自分のほうが友だちよりも勉強ができると錯覚してしまいそうですが、個別の教科にも着目すると、必ずしも自分のほうが優れているとはいえないわけです。自分より優れている部分から学ぶ、総合的に判断しないで、分析的に学ぶことが大きな成長には大切なのです。

バックギャモンでも、「世界チャンピオンになったのだから、他のプレーヤーから学ぶことなんてないでしょう」といわれることもあるのですが、それはまったくの誤解です。

たとえば、バックギャモンの「早指し」のテクニックを向上させたい、というような具体的な目標があるときには、それが得意なプレーヤーと自分をあえて比較して、自分に足りない部分を集中的にトレーニングしたり、そのプレーヤーのやり方をまねしたりするといいのです。

たしかに、私はバックギャモンにおける総合的なテクニックは世界チャンピオンですが、早指しをはじめ、ある局面における理解であったりといった個別の部分についても、すべてが世界一であるはずがありません。マラソンの金メダリストが、100メートル走でも金メダルを獲れるわけではないのです。

そういう視点で他人と自分を比較してみると、どんな人からも必ず学ぶべき長所があることに気づきます。たとえ自分より実力が劣る人であっても、吸収すべきところが必ずあるものです。

どういう分野においても、勝負に強くなる人には、誰からも学ぼうという姿勢があるのではないでしょうか。

他人には自分よりすぐれた所が必ずある

感情が土台にある判断は間違える

私たちが社会生活を営むなかで、最も難しい問題は、「人間関係」に集約されるのかもしれません。

社会人は上司や同僚、顧客と良好な関係を築こうとして苦労し、学生も友人関係に悩み、なかには家族や親戚との距離感がうまく取れずにストレスをためこむ人もいるでしょうし、恋人とのつき合い方に疲れてしまう人もいるはずです。

しかし、私たちが感じる幸福もまた、そのほとんどが人間関係によってもたらされるものです。その意味で私は常々、人との出会いは一種の奇跡だと考えています。

限られた人生のなかでは、当然、出会う人も限られます。生まれる時代も場所も選べませんが、そうしたさまざまな制約のなかで、いくつもの偶然が重なって、ほんのひと握りの人たちと不思議な縁を結ぶわけです。

しかも、出会っただけでも奇跡なのに、そのなかには親しく言葉を交わしたり、一緒に時間を過ごしたりするようになる人がいるのですから、人との縁はまさに天の配剤でしょう。

このように、数々の偶然が重なって出会うわけですが、周囲の人に怒りを感じたり、不快な思いをしたりして関係がギクシャクしてしまうこともあるでしょう。そういうとき、私たちは感情がたかぶってしまって冷静な判断ができなくなりがちです。

感情的になると、合理的な考え方ができなくなり、ときには思ってもいないことを口にすることもあります。出会いは奇跡でも、失うのは一瞬なのです。

もし対人関係で感情的な自分に気づいたら、とにかく距離を置くように努めるべきです。そして、大事な判断はできるだけしないこと。感情的なときに下した判断は、たいてい後悔のもとになります。

感情的なときには、重要な判断を避ける

「勝つ」こと以外の価値に気づく

テレビのバラエティ番組で、各界の一流プロの笑えるエピソードとして、勝敗にこだわるあまり、子ども相手のエキシビジョンマッチでもつい本気を出してしまった、という大人げない振る舞いが紹介されていました。都市伝説のように聞こえますが、おそらく半ば事実でしょう。いかにも負けず嫌いな「勝負師」という感じがして、私はそうしたエピソードを好ましく感じます。

でも、私自身はまったく違うタイプです。もちろん、プロのプレーヤーとしては常に試合で勝つことを目標にしていますが、だからといってどんなことにおいても負けず嫌いかというと、必ずしもそうとはいえないからです。オフィシャルな試合を除けば、むしろ勝敗はまったく気にならないといってもいいくらいです。

たとえば、はじめてバックギャモンをやるという人と私が対戦するならば、私は喜んで負けるでしょう。それも、あえて接戦になるようにして、最後は相手に花を持たせるように誘導します。それは、ゲームのおもしろさと勝つうれしさを知ってもらうことによって、その人がさらにバックギャモンを好きになるかもしれないからです（もっとも、そうはいうものの、私にも世界チャンピオンとしての体面があるので、もしたくさんのギャラリーが観戦しているような場合には「大人の事情」で負けられないかもしれませんが……）。

なぜ、私がそういうケースの勝敗にこだわらないかというと、**目の前の勝ち負けの結果がすべてだとは考えていないからです。**つまり、その対戦の本質は「初心者にバックギャモンの楽しさを知ってもらう」ということにある。だとすれば、私にとっての勝利とは、自分がその対戦に勝つことではないからです。

プロとして大会で優勝を目指し真剣勝負をしているときは、なんとしても勝ちにこだわりますが、大会を離れれば勝つことへの意味も目的も変わるのです。

目の前の勝敗にこだわるのは、もちろん大切です。ただ、**ときにはその勝利が自分にとって、本当の勝利を意味するのかどうかを慎重に見きわめるべき場面があると、**私は思います。

目の前の勝ちにはこだわらない

おわりに

　私がバックギャモンを本格的に学びはじめたのは２００３年の大学３年生のころでした。その翌年には日本タイトルを獲得し、早い時期から「世界の頂点」を意識しはじめたように思いますが、それを具体的な目標として視野に入れるようになったのは、子宮体ガンが発覚した２０１２年のことです。

　そして、その２年後、公言した通りに世界チャンピオンになったわけですが、振り返ってみると、やはり世界一になれたのは私にとってかけがえのない経験でした。それは、生きた証を残したいというひとつの目標を達成しただけでなく、おそらくどのような分野にもいえることだと思うのですが、世界の頂点に立ってみないと見えない景色があり、それを見ることができたからです。

　しかしそれと同時に、得るものだけでなく、失ってしまったものもあります。「世界の頂点をきわめたい」という目標です。

はじめて世界チャンピオンを目標に世界選手権に出場した2013年は、じつは抗ガン剤治療の真っ最中でした。全身の痛みがひどく、サイコロを振ると手がしびれるくらいで、ひとりでは歩くこともできないような最悪な体調だったことを覚えています。

それだけに、翌年念願がかなったときの達成感は大きく、自分がこの世に生きた証をひとつ刻むことができたと思うと感慨も深かったのです。しかし、正直なところ、そこからさらに上のレベルを目指そうという気持ちにはなりませんでした。それはまだ自分の命が助かるかどうか、当時はまだ予断を許さない状況だったからです。それからしばらくの間は、死ぬかもしれない恐怖を一時的にでも忘れるためにバックギャモンをやっていたように思います。

私にとってバックギャモンは闘病生活から逃げ込む場所としても大きな意味を持っていたのですが、2018年に2回目の世界チャンピオンになったときは、そうした意味合いはなくなっていました。その年の春、子宮などの摘出手術を受けてから5年が経過して、再発のおそれがほぼなくなったからです。

すでに世界選手権に優勝し、闘病生活の支えとしての意味も失ってしまったバックギャモンと、今後どう向き合っていけばいいのか。私は次なる目標を失いかけていました。そのとき、ふとしたことからテレビへの出演依頼をいただき、それがきっかけになって、私は新たなモチベーションを得ることになります。これも、ひとつの運といえるでしょうか。

それは、大病を克服して世界チャンピオンになった私の半生を「激レア」な体験をした人として紹介する『激レアさんを連れてきた』（テレビ朝日系列）という番組で、放送予定はちょうど世界選手権が開催される2週間ほど前でした。番組の収録中、私は「また世界チャンピオンになりたい」と話したのですが、それはもちろん、バックギャモンだけを念頭に置いた発言ではありませんでした。

でも、テレビ番組で公言してからわずか1か月後に世界選手権が開催されるというめぐり合わせのよさに思い至ったとき、私は再び闘志がわいてくるのを感じました。

番組の影響で、バックギャモンに対する注目が高まっているなかで2回目の世界チャンピオンになることができれば、日本でもバックギャモンブームが来るかもしれないと思ったからです。

以前から、バックギャモンの大会に出場するために海外を訪れるたび、日本国内での関心の低さに私はどうにももどかしさを感じていました。緻密な思考を好む国民性やサイコロという馴染み深い小道具を用いる点を考えても、バックギャモンはもっと日本で普及していいはずだと。

しかし、現実にそれほど普及していないのは、バックギャモンがこれまでメディアに取り上げられる機会に恵まれず、国民の認知度が低かったか、もしくはバックギャモン業界がバックギャモンをメジャーにするためのチャンスを逃してきたからかもしれません。

そのため、日本でバックギャモンをもっと普及させるには、メディアなどでのバックギャモンの露出を増やし、まずはバックギャモンという名前を多くの人に知ってもらうことが先決です。

そう考えると、私はむしろこれからはバックギャモン以外の分野で注目されるようになるべきかもしれません。というのも、単にバックギャモンで実績を残すだけでは、バックギャモンを知らなかったり、関心がなかったりする方々に対してアプローチができないからです。

私には、以前から「日本にバックギャモンのプロリーグを立ち上げたい」という夢があります。それは、私のようにバックギャモンが好きだけれど、職業として成立するようなプロリーグがないため、バックギャモンから離れてしまった若者たちに、将来につながるような目指せる場所として、プロリーグを作ってあげたかったからです。

しかしながら、この夢の実現には、これまでのようにひとりのプレーヤーとして実力の向上に努めているだけでは達成が大変難しく、今の私にとっては再び世界チャンピオンになるより、はるかに困難でやりがいのあることなのです。

もちろん、プレーヤーとしても3回目の世界チャンピオンを目指して精進していますが、それと並行して、今後はバックギャモンの普及とその先にあるプロリーグの実現に向けて、まったく違う分野にも挑戦していきたいと思います。

世界中にたくさんの書籍があるなかで、この本を手に取っていただき本当にありがとうございます。
本書では私なりの「運を加速させる習慣」について書かせていただきましたが、みなさんひとりひとりの、心臓がドキドキするような夢中になれることのなかに、たくさんの宝物が眠っています。その宝物を見つけられたときに、あなたの運は加速してゆくのかもしれません。
グッドラック!!

2018 年、2回目の世界チャンピオンを獲得

バックギャモンのルールとマナー

①ボードの説明、初期状態

ボードには24個の三角形が描かれていて、6個ずつの部分が1かたまりとなって4分割されています。駒は自分と相手の駒がそれぞれ15個ずつあって、最初は図のように配置されます。

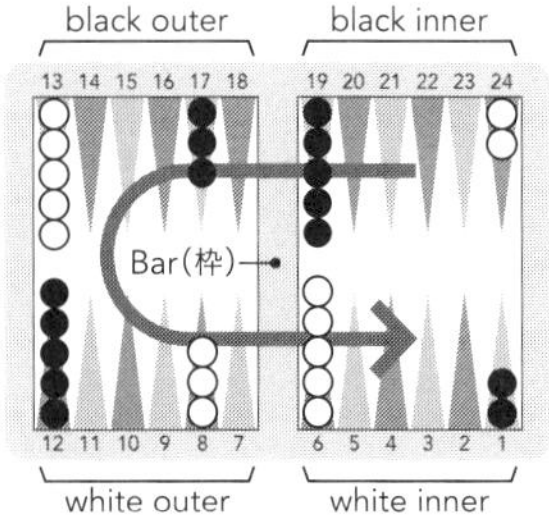

図では白の駒が自分の駒で、反時計回りに（24から1に向かって）動かします。相手は黒の駒で時計回りに（1から24に向かって）動かします。

4分割された手前の右側を自分のインナー、手前の左側を自分のアウター、奥の右側を相手のインナー、左側を相手のアウターといいます。そして中央のしきりをバーといいます。

②ゲームの目的

まずサイコロの目に従って、自分の駒を自分のインナーに向かって動かし、すべての駒を自分のインナーに集めます。そうすると、駒を1枚ずつ上げることができます。先にすべての駒を上げたほうが勝ちとなります。

※日本バックギャモン協会（Japanese Backgammon League、略称「JBL」）

③ゲームの進め方

最初に、双方とも1個ずつサイコロを振ります。大きい目を振ったほうが先手となり、出た目に従って駒を動かします（同じ目を振った場合は違う目が出るまで、振り直しになります）。最初に先手後手を決めたあとは、交互に2個ずつサイコロを振って、出た目に従って駒を動かします。

④駒の動かし方

駒は出た目の数だけ前に進めることができます。例えば5と3を振ったなら、ある駒を5進めて、そのままさらに3を進めることもできますし、ある駒を5進めてまた別の駒を3進めることもできます。

ただし、相手の駒が2個以上あるところに駒を進めることはできません。図で、24にある駒を21に進めてから16に進めることはできますが、24にある駒を19に進めることはできません。

駒を2個重ねることを「ポイントを作る」といい、こうすることで相手の駒の進行を邪魔します。図で、8から3、6から3へ駒を動かして2個の駒を重ねる手を「3ポイントを作る」といいます。

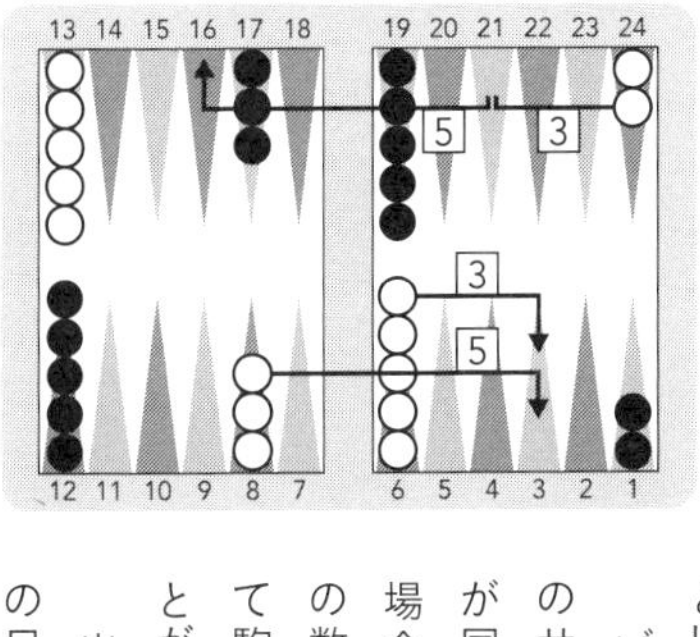

ゾロ目（2つのサイコロの目が同じこと）の場合は、その目の数を4回使って駒を動かすことができます。

出たサイコロの目は動かすこ

とが可能であるなら、すべて使わなければなりません。

片方の目しか使えない場合は、大きいほうの目を使わなければなりません。

⑤ヒット、エンター、ダンス

相手の駒が1枚あるところに自分の駒を進めると、相手の駒は振り出しに戻ります。これを「ヒット」といいます。ヒットした駒は、バー（中央のしきり）の上に置きます。

自分の駒がヒットされた場合、まず自分の駒をバーからボードのなかに戻さなければなりません。駒がバーからボードのなかに戻ることを「エンター」といいます。

バーは中央にありますが、24よりうしろの25の位置にあると考えてください。例えば、次の上図のように相手にヒットされたあと、2と3を振った場合は25の位置にあるバーから22か23に駒を進めることができます。下図のように、25から進める22と23のどちらの位置にも相手のポイントができている場合、バーの上にある駒をボードのなかに戻すことができなかったので1回お休みになります。これを「ダンス」といいます。

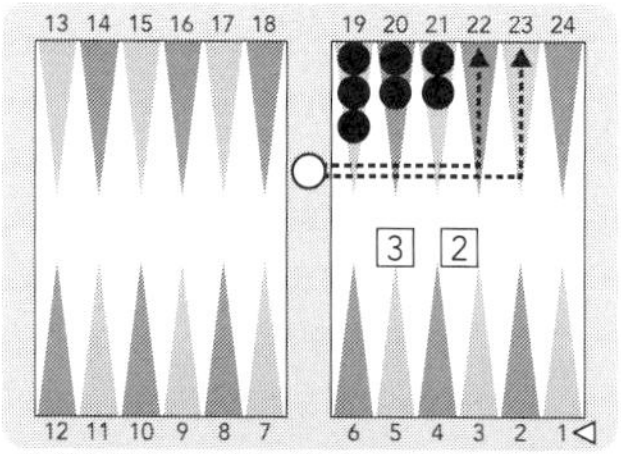

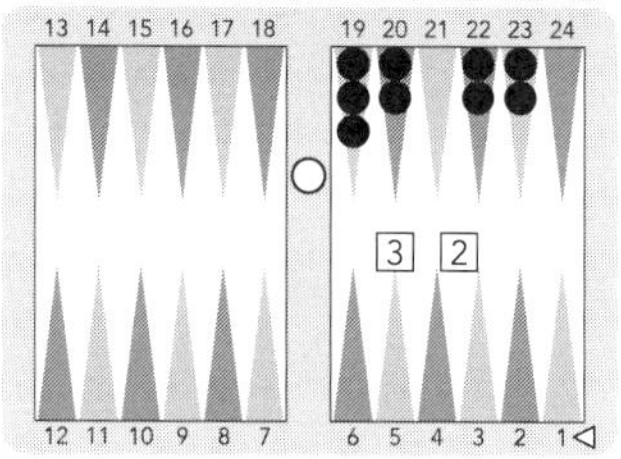

⑥ベアオフ（駒を上げること）

自分の駒がすべて自分のインナーにあるとき、出た目の位置にある駒を上げることができます。もし出た目の位置に駒がなく、さらにそのうしろにも駒がない場合には、一番うしろにある駒を上げることができます。

例えば、左上図で4と3を振った場合、4にも3にも駒がありませんが、5にも6にも駒がないので、2にある駒を2枚上げることができます。

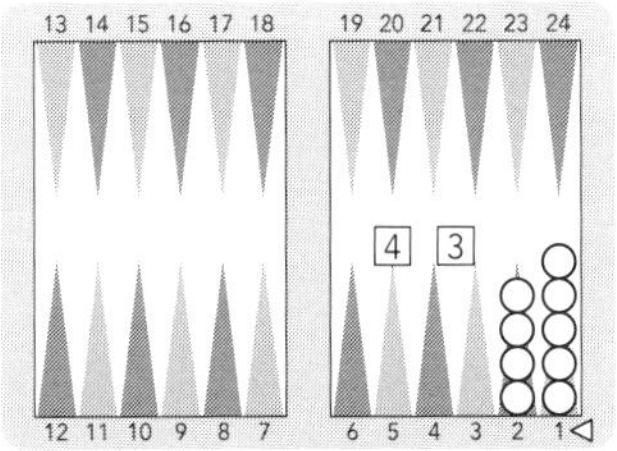

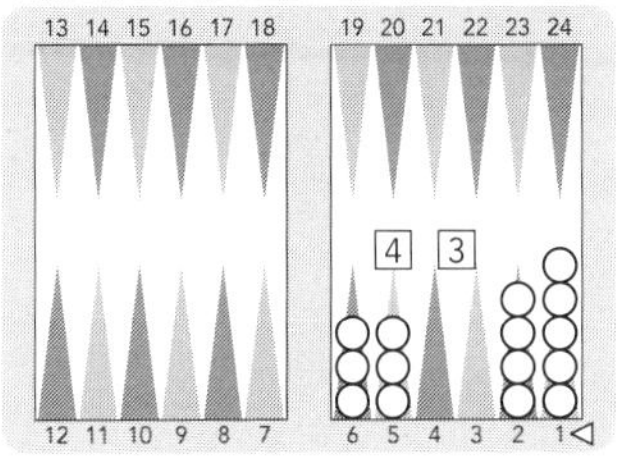

下図では4と3に駒がありませんが、5と6に駒があるので、駒を上げることはできません。5と6にある駒を動かすことになります。

⑦ギャモン、バックギャモン

バックギャモンの勝ち方には3種類あります。

相手の駒が1個でも上がっている状態で勝つことを「シングル勝ち」といい、1点勝ちになります。

相手の駒が1個も上がってない状態で勝つことを「ギャモン勝ち」といい、2点勝ちになります。

また、相手の駒が1個も上がっていなくて、さらに相手の駒が1個でも自分のインナーに残っている状態で勝つことを「バックギャモン勝ち」といい、3点勝ちになります。

⑧ポイントマッチ

ある特定の点数を決めておいて、先にその点に到達したほうが勝ちとなる形式のマッチを「ポイントマッチ」といいます。例えば、「5ポイントマッチ」といったら先に5点を取ったほうが勝ちになります。

ここまで理解すればゲームはできます。これから先に書いてあることが理解できなくても、ゲームをはじめてしまって構いません。

⑨ダブリング

自分の番のときサイコロを振る前に、「勝負がついたときの点数を倍にしよう」と提案することができます。これを「ダブル」といいます。これを受けると、勝負がついたときの点数が倍になります。例えば、ダブルをして、相手がこれを受けて、ギャモン勝ちすると2×2＝4点を獲得できます。ダブルを受けないと、ダブルをしたほうが1点を獲得して、新たなゲームがはじまります。

ダブルは、最初は双方のプレイヤーともできますが、プレイヤーAがダブルをして、プレイヤーBがこれを受けた場合、プレイヤーAはプレイヤーBがさらにダブルをしてくるまで、ダブルをすることはできません。つまり、最初は双方ともにダブルをする権利を持っていますが、ダブルをするとダブルをしたほうはダブルをする権利を失ってしまい、ダブルを受けたほうだけがさらにダブルをする権利を持ちます。さらにダブルをすると、2倍の2倍で4倍のゲームになり、シングル勝ちでも4点勝ちになります。ここでダブルを受けないと2点を失うことになります。このように、ダブルに対してさらにダブルすることを「リダブル」といいます。

⑩クロフォードルール

Nポイントマッチで片方のプレイヤーがN－1点に達した直後のゲームでは、双方ともにダブルをすることができません。これを「クロフォードルール」といいます。例えば、5ポイントマッチで3対2のスコアから4対2になった直後のゲームでは、ダブルをすることができません。2点側が勝って4対3になると、クロフォードルールは適用されないので、ダブルをすることができます。

◉大会でのマナー

・ダイスをカップに入れ、指でカップの口を押さえて3回以上振りましょう。

・駒を動かす動作は片方の手で行ないましょう。

矢 澤 亜 希 子 （やざわ　あきこ）
1980年生まれ。明治学院大学卒業。プロのバックギャモンプレイヤー。日本人3人目の世界チャンピオン。国内、海外のトーナメントを転戦し、数多くの優勝を果たす。2014、2018年の世界選手権（モナコ公国・モンテカルロ）のメイン種目で優勝し、日本人初、国籍を問わず女性初となる2度の世界チャンピオンになった。2012年に「ステージⅢC」という末期寸前の子宮体ガンの診断を受け、医師からは「手術しなければ1年もたない」と宣告された（その後、奇跡的に克服）。手術と抗ガン剤治療による手のしびれ、全身の痛みといった副作用と戦いながら14年に世界選手権を制したという経験を持つ。世界中の大会で活躍するとともに、バックギャモンの普及活動に尽力。またガンサポートの社会貢献活動も行なっている。新聞、テレビ等メディア出演多数。

運《うん》を加速《かそく》させる習慣《しゅうかん》

2020年４月１日　初版発行

著　者　矢澤亜希子
発行者　杉本淳一

発行所　株式会社日本実業出版社　東京都新宿区市谷本村町3-29　〒162-0845
大阪市北区西天満６－８－１　〒530-0047
編集部　☎03-3268-5651
営業部　☎03-3268-5161　振　替　00170-1-25349
https://www.njg.co.jp/

印 刷／厚 徳 社　　製 本／若林製本

ISBN 978-4-534-05756-3　Printed in JAPAN